세대통합 예배,
어떻게 할 것인가?

초판발행	2018년 3월 23일
초판2쇄	2021년 1월 11일
지은이	현유광 문화랑 이수훈 박신웅
발행처	도서출판 생명의 양식
등록번호	서울 제22-1443호 (1998년 11월 3일)
주소	06593 서울시 서초구 고무래로 10-5 (반포동)
전화	02-533-2182
팩스	02-533-2185
홈페이지	www.qtland.com
북디자인	노성일 designer.noh@gmail.com
ISBN	979-11-6166-024-0 (04230)
	979-11-6166-011-0 (set)

책값은 뒷표지에 있습니다.

이 책은 저작권법에 의해 보호를 받는 출판물입니다.
기록된 형태의 출판사의 허락이 없이는 무단 전재와 복제를 금합니다.

이 도서의 국립중앙도서관 출판예정도서목록(CIP)은 서지정보유통지원시스템 홈페이지 (http://seoji.nl.go.kr)와 국가자료공동목록시스템(http://www.nl.go.kr/kolisnet)에서 이용하실 수 있습니다. (CIP제어번호: CIP2018)

모든 세대가
함께 드리는
세대통합 예배
이슈와 실천 방안

세대통합 예배, 어떻게 할 것인가?

현유광
문화랑
이수훈
박신웅

공저

생명의 양식
THE BREAD OF LIFE

어떻게 할 것인가? 시리즈

기독교교육, 예배학 교수, 현직 목회자, 어린이 사역 전문가가 함께 고민하여 예배에 대한 전문적인 진단과 실제적인 대안을 제시하는 책입니다.

"

기독교교육은
지금껏 신학교를 중심으로 한 형식적formal 교육이나
주일학교를 중심으로 한 무형식적noformal인 교육이
대부분을 이루고 있었던 것에 반해, 이제 세대통합 예배와 같이
교회의 문화와 상황을 통한 비형식적인 학습informal learning의
장을 열어 신앙을 전수하고 교육하는 방법으로 나아가는 것은
새로운 도전이자 보다 많은 학습의 장을 연다는 면에서
그 의미가 있다 하겠다.

"

세대통합 예배,
어떻게 할 것인가?

6	추천사
13	1장. 현유광 — 세대통합 예배, 어떻게 할 것인가
55	2장. 문화랑 — 세대통합 예배에 대한 예배 신학적 분석
89	3장. 이수훈 — 세대통합 예배의 실제와 고민
113	4장. 박신웅 — 세대통합 예배의 어제, 오늘 그리고 내일

추천사

우리보다 앞서 서구 사회는 1960년대 이후 강력한 세속화의 영향으로, 지역사회 공동체의 문화에서 눈에 띠게 주일관념이 약화되고, 기독교 종교 활동이 축소되며, 주일학교가 위축되고, 중소도시의 작은 교회가 약화되는 위기를 경험했습니다.

1970년대에 미국의 기독교교육학자 존 웨스터호프 3세는, 세속화의 대세에 무력해 보이는 기독교공동체와, 미래세대의 신앙교육에 제대로 대응하지 못하는 주일학교의 근본적 문제를 고민했습니다. 그는 미국교회에서 위기요인으로 등장한 신앙의 세대단절 현상을 직시하면서, 우리의 자녀들이 신앙을 가지게 될 것인가(Will our children have faith)? 라는 도발적인 제목의 책을 출간했습니다. 그 책에서 그는 신앙지식의 효율적 습득에 초점을 맞춘 학교모델의 주일학교교육보다, 신앙공동체의 예배와 삶의 전유에 초점을 맞추는 공동체적 접근의 기독교교육을 새로운 패러다임으로 제안하였습니다.

한국교회는 서구교회와 달리 일찍이 기독교문화가 주류가 되어 본 일이 없습니다. 그러나 급격한 사회변화에 기인한 전통적 세계관의 붕괴, 해방이후 인구 증가와, 산업화에 따른 도시화가 진행되는 배경에서, 열정적인 복음전파의 결과로 지난 세기 내내 성장하였습니다. 성장기에 교회성장에 영향을 준 요인에는 열정적인 복음전도 외에도, 안정적인 출산율, 주일학교교육 및 기독교학교, 그리고 학원선교의 기여가 컸습니다.

그러나 2000년대에 접어든 이후, 반기독교적 여론과 문화, 그리고 점증하는 경제생활 집중 요구의 사회분위기에서 복음전도활동은 벽에 부닥쳤고, 신앙교육의 기회는 줄어들었으며, 저출산 현상이 굳어지면서 한국교회의 수적 성장은 정체기에 접어들었고, 특히 주일학교와 청소년부가 큰 타격을 입었습니다. 서구사회가 1960년대 이후에 경험했던 현상들이, 2000년대의 한국교회에도 일반적인 현상이 되고 있습니다.

주일학교의 무력 현상은 주일학교교육에 대한 반성과 대안모색의 기회가 되었습니다. 그래서 기독교교육학적 반성을 기초로 한 편으로는 교회 밖의 기관인 기독교가정과 기독교학교에서 대안을 찾으려는 시도들이 있었고, 또 신학적인 반성에서 다른 한편으로는 교회 내에서 공동체의 세대통합 예배로부터 대안을 찾으려는 시도들이 있어왔습니다.

우리나라에서는 주일학교의 위기로부터 세대통합 예배가 새로 시도된 것이지만, 세대통합 예배는 구약과 신약시대, 그리고 근대이전의 교회시대와, 지금도 개혁교회에서 줄 곧 유지되어 온 원래의 교회 예배 형태입니다. 세속적 근대사회로의 변동기에 주일학교가 등장한 이후, 주일학교는 학교와 교회 양자 사이에서, 부가적인 기구이면서도 신앙공동체의 어린 세대에게는 학교이고 동시에 교회가 되면서, 줄 곧 문제를 안고 있었습니다. 근본적으로 주일학교는 기독교교육학적 관점에서 볼 때 학교로도 부족하고, 신학적 관점에서 볼 때 교회로도 부족하지만, 상황적 조건에서 불가피한 기관이었습니다.

이렇게 볼 때 세대통합 예배는, 주일학교를 신앙교육기관으로 한정하고, 예배는 교회공동체의 고유 활동으로 되가져오려는 시도로서, 좋은 방향의 발전적인 노력이라고 말할 수 있습니다. 종교란 하나님을 향한 인간의 마음의 태도와 관계이어서, 지식교육만으로 부족하고, 마음의 활동인 예배를 통해 가장 잘 표현되고 제대로 형성됩니다. 기독교신앙의 많은 내용들이 학습용 예배가 아니라 전체 공동체의 실제 경건한 예배에서 체험되고 전유되기 때문입니다.

이에 금번 총회교육원이 어린이 예배에 대한 세미나와 포럼에 이어, 세대통합 예배에 대한 전문 저서를 출간하여 배포하는 것은, 한국교회와 주일학교가 더 성숙한 수준에 이르도록 하는 일에, 그리고 기독교신앙교육이 더 효율적으로 개편되는 일을 위한 의미 있는 기여의 노력이라고 할 수 있습니다.

본 저서의 집필자인 현유광 명예교수는 잘 알려진 교회교육신학자이고, 문화랑 교수는 예배학자, 특히 어린이 예배를 연구해 온 신학자이며, 이수훈 목사는 세대통합 예배의 좋은 모델과 결과를 보여준 성공적인 목회자이고, 총회교육원 원장인 박신웅 박사는 총회의 교회교육을 주도하는, 교육이론과 실제경험을 잘 갖춘 교회교육 최고 전문가입니다.

이 책에서 저자들은 자신들의 학문적 전문성을 배경으로, 세대통합 예배의 성경신학적 배경, 교회의 예배역사, 예배의 신학적 논의, 기독교교육학적 반성, 한국교회에서의 세대통합 예배 사례 유형별 분석, 사례에 대한 심층적 분석, 세대통합 예배의 장점과 문제점, 그리고 세대통합 예배 실시를 위한 구체적인 준비와 제안들을 상세하게 다루어, 목회자와 신학생과 교회교사들에게, 특히 세대통합 예배를 관심 있게 탐색하고 있는 교육부서 담당 목회자들에게 필요한 대부분의 전문적인 정보를 담았습니다.

본 저서를 통해 한국교회 미래세대의 예배와 교육이 모두 함께 영적으로 살아 있고, 변화의 역동성과 신앙적 성숙수준을 갖춘 활동이 될 수 있기를 기대해봅니다. 그리고 이 저서가 안내서가 되어 한국교회에서 세대통합 예배가 빠르게 확산되고, 세대통합 예배의 효과적인 다양한 유형들도 실험될 수 있기를 기대합니다.

조성국 교수 (고신대학교, 기독교교육과)

추천사

세대통합 예배는 포스트모던 문화 속에서 가정과 교회를 하나로 묶는 중요한 과제입니다. 이를 위해 연구와 사역에 몰두하시는 네 분의 전문가적 논의는 기독교인 독자들에게 큰 통찰력을 줍니다. 비록 낯설기도 하고, 어른들의 인내가 필요하겠지만, 세대통합 예배는 말씀을 함께 듣고, 공유하고, 묵상하며 신앙적 정체성과 공동체성을 회복하게 하는 중요한 장점들을 가지고 있습니다. 따라서 개별적이고 분리적인 문화를 향해 통합과 공동체성을 지향하는 세대통합 예배에 대한 전문가들의 목소리에 우리가 귀를 기울여 보아야 하겠습니다.

우선 현유광 교수님은 "세대통합 예배, 어떻게 할 것인가"를 통해 지상교회의 가장 본질적인 사명인 예배를 세대통합의 관점에서 새롭게 진술하고 있습니다. 여러 세대가 함께 예배하는 것은 이미 창세기에서 시작된 성경적 전통이며, 안식일 외에도 함께 모여 예배했던 신약의 전통이기도 했음을 주장하며, 부모와 자녀가 함께 공예배에 참석하고, 설교자는 이해하기 쉬운 언어와 자료를 통해 온 가족이 함께 묵상하고 나눌 수 있는 설교의 모형을 제시하고 있습니다.

문화랑 교수님은 신앙의 다음세대 전수의 과제를 예배신학적 관점에서 연구하면서, 특히 세대로교회와 금당동부교회, 당진동일교회의 사례들을 제시하고 있습니다. 이 교회들의 공통점은 개척 초기부터 세대통합 예배에 가치를 둔 목회자의 철학인데, 어른들이 인내할 수만 있다면, 세대통합 예배는 궁극적으로 참여자 모두가 그리스도 안에서 진정한 한 몸임을 깨닫게 하고, 하나님의 환대와 그 안에서의 우정을 누리게 한다고 주장합니다.

이수훈 목사님의 당진동일교회 사례는 세대통합 예배의 절박하고 절실한 필요성이 현장에서 울려나는 소리로 들립니다. 어른과 어린이가 한 목소리를 찬양하고, 한 설교를 듣고, 한 주를 살아갈 메시지를 공유함으로써, 소란의 문제와 설교초점의 문제들이 있다 해도 훨씬 큰 장점을 가지고 있음을 보여주고 있습니다.

끝으로 박신웅 총회교육원장님은 포스트모던문화의 분화와 개별화의 문제를 지적하면서, 한국의 여러 교회에서 등장한 세대통합 예배를 문화적 흐름의 대안으로 말하고 있습니다. 더 이상 주일학교에만 자녀 교육의 기대를 걸지 말고, 온 가정이 함께 참여하는 세대통합 예배를 통해 신앙적 정체성과 소속 및 공동체성을 회복하기를 요청합니다. 이로 말미암아 예배가 개인을 넘는 삶으로 통합되어 세상을 변화시키시는 하나님의 사역에 참여하도록 하게 되기 때문입니다.

하재성 교수 (고려신학대학원, 실천신학)

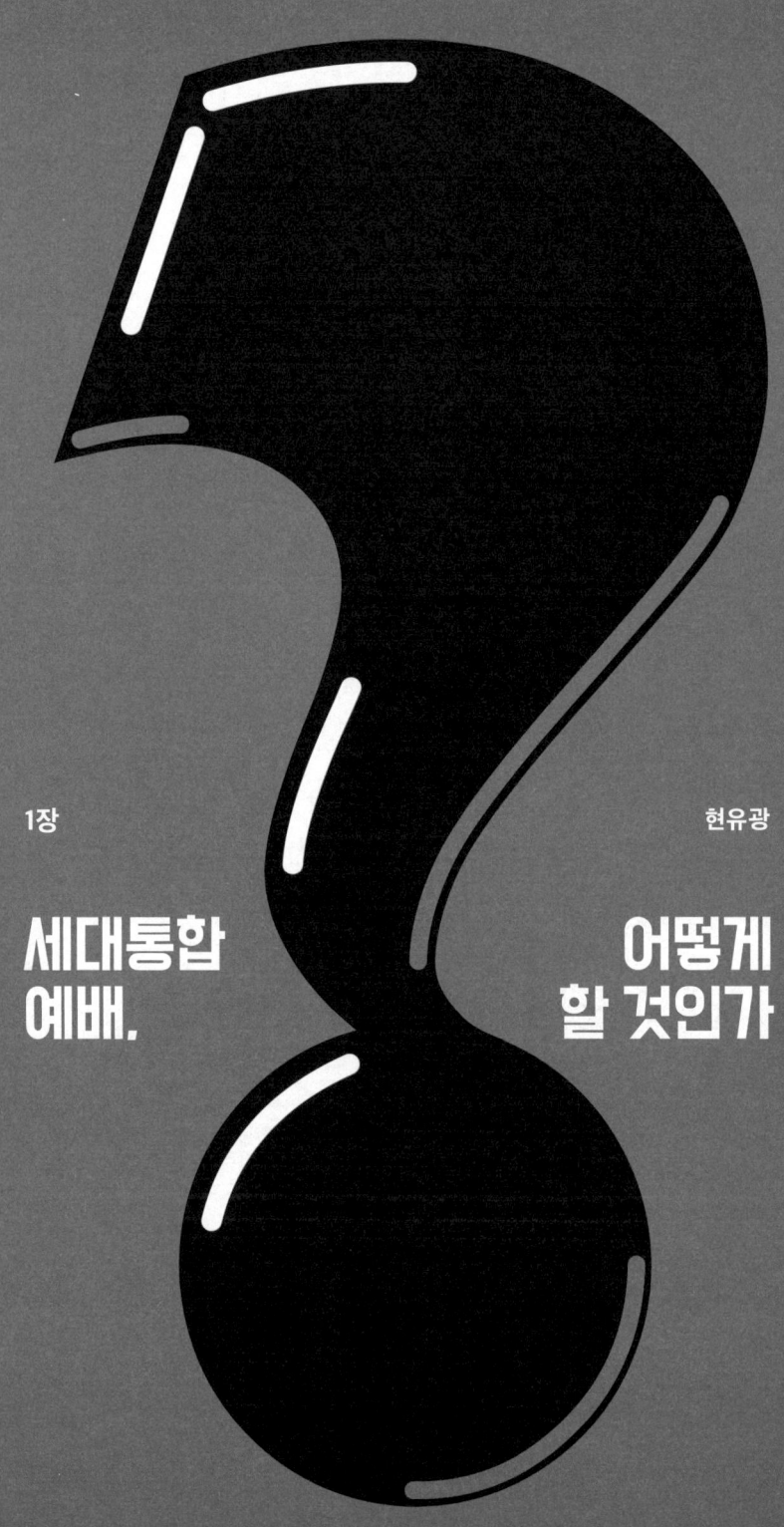

1장

세대통합
예배,

현유광

어떻게
할 것인가

세대통합 예배[1], 어떻게 할 것인가[2]

현유광 명예교수
(고려신학대학원)

교회는 예수 그리스도 안에서 구속함을 받은 하나님의 자녀들의 모임이다.[3] 죄로 말미암아 하나님의 진노와 저주 아래 고통하며 비참하게 살다가 예수 그리스도 안에 있는 은혜로 구원함을 받은 하나님의 백성들은 성삼위 하나님을 예배한다. 하나님의 자녀들은 두 가지 방식으로 예배한다. 첫째는, 먹든지 마시든지 무엇을 하든지 그들의 몸을 산 제사로 드리는 예배이다(롬 12:1-2, 고전 10:31). 삶으로서의 예배와 더불어, 둘째로 주일에 교인들이 지역적으로 함께 모여서 교회의 이름으로 하나님께 함께 예배한다. 이 두 가지 방식의 예배는 그리스도인이라면 항상 가져야 할 삶의 모습이다. 이 글에서는 후자를 중심으로 서술한다.

지역교회의 예배의 중요성에 대하여 이현웅은 다음과 같이 말한다.[4] "지상의 교회가 갖는 사명 중 첫째가 되는 것은 하나님께 예배하는 일이다. 교회는 예배를 통해서 믿음의 대상이 되시는 하나님께 나아가 그분을 섬기며, 그분을 영화롭게 한다. 그러므로 예배는 하나님을 향한 우리 인간의 최고의 섬김(service)이요, 또한 하나님의 인간을 향한 최상의 선물(gift)이다." 오늘날 적지 않은 교회가 하나님께 드릴 수 있는 최고의 섬김을 소홀히 하고 있다는 인상을 받는다. 그리고 하나님께서 그의 자녀들에게 주신 최상의 선물인 예배의 복을 풍성히 누리는 교회가 많지 않은 것 같다. 이로 말미암아 예배 참석자들이 줄어들고, '가나안 교인'들이 증가하고, 전도가 효과적으로 이루어지지 않는다.[5]

올바르고 복된 예배는 결국 하나님의 말씀인 성경의 계시에 근거할 때에 실현된다. 성경은 오늘날 한국교회가 세대통합 예배를 적어도 주 1회 할 것을 강권한다. 왜냐하면 연령별로 따로 드리는 예배가 교육적이고 전도적인 면에서 유익한 면도 많으나, 교회의 언약공동체 의식을 약화시키기 때문이다.

성경에 나타난 하나님의 뜻에 합당한 예배를 생각할 때에, 2008년 『신학과 실천』에 발표된 김세광의 논문 "한국교회 예배 유형의 다변화에 따른 대안적 모색: 중소형교회를 위한 세대 간 연합 예배"는 매우 시의에 적합하고 한국교회의 미래를 위해 적극적으로 숙의해 볼 만한 글이다. 제목에서 보는 바와 같이 대형교회를 그의 논의에서 배제했으나, 대형교회도 장기적인 계획 아래 실천해야 할 내용을 담고 있다. 이 글에서 그의 주장을 많이 참고하였다. 그리고 『어린이 예배, 어떻게 할 것인가?』[6]가 이 글을 쓰는데 도움이 되었다. 이 책은 어린이 예배를 보다 하나님의 뜻에 합당하게 가지기 위한 제안과 함께 세대통합 예배를 위한 통찰을 제시하고 있다.

최근 들어 한국의 많은 교회들이 교리교육에 대한 관심과 더불어 세대통합 예배에 대한 관심을 보이고 있다. 그리고 이와 관련된 많은 연구 논문과 책이 출판되고 있다. 이는 하나님이 기뻐하시는 교회를 세우기 위한 매우 바람직한 현상이다. 이런 상황에서 필자는 세대통합 예배를 시행해야 할 성경적 그리고 신학적 이유와 근거를 제시하고, 이를 실천할 수 있는 좀 더 구체적이고 단계적인 방안을 이 글에서 제시하려 한다.

드종(De Jong)은 개혁주의 예배를 다음과 같이 정의한다.[7] "하나님께서는 찬양[과 높임]을 받으시고 그의 [백성 된] 교회는 복을 받는, 하나님과 그의 백성 사이에 [미리 합의되고] 규정된 연합 집회이다." ([ ] 안은 필자의 것) 이 글에서 '예배'는 별도의 설명이 없는 한 드종(De Jong)의 정의가 가리키는 것과 동일하다.

세대통합 예배의 당위성에 대한 성경의 증거

구약의 증거

창세기에서 예배에 대한 첫 언급은 가인과 아벨의 제사에서 볼 수 있다. 세대통합 예배의 관점에서 보면 그들은 한 형제이면서도 따로 제사를 드림으로써 이상한 느낌을 갖게 만든다.[8] 다음으로 "셋도 아들을 낳고 그의 이름을 에노스라 하였으며 그 때에 사람들이 비로소 여호와의 이름을 불렀더라"(창 4:26) 여기서 '여호와의 이름을 불렀더라'는 것을 당시의 사람들이 하나님을 인정하고 기도하고 찬송한 행동으로 볼 수 있다.

세대통합 예배의 분명한 모습은 홍수 후 방주에서 나온 노아가 드린 제사에서 볼 수 있다. 하나님은 "노아와 그 아들들에게 복을 주시며"(창 9:1) 언약을 맺으신다. 그리고 아브라함은 99세 때에 자기에게 말씀하신대로 "그 아들 이스마엘과 집에서 태어난 모든 남자를 데려다가" 할례를 행한다. 할례와 세례를 연관지어 생각할 때에 이것은 세대통합 예배의 모습을 보여준다. 하나님은 애굽으로 내려가려는 이삭에게 나타나셔서 가나안 땅에 머물도록 강권하신다. 그리고 이삭과 그의 자손들에게 복을 주고 기업을 주실 것을 약속하신다. "이 땅에 거류하면 내가 너와 함께 있어 네게 복을 주고 내가 이 모든 땅을 너와 네 자손에게 주리라 이 땅에 거류하면 내가 너와 함께 있어 네게 복을 주고 내가 이 모든 땅을 너와 네 자손에게 주리라"(창 26:3-4) 하나님의 언약은 한 사람 개인에게만 국한되지 아니하고 그의 자손들에게까지 확장된다.

가족들이 함께 하는 예배의 모습은 야곱의 딸 디나가 성폭행 당한 후 벧엘로 올라가는 야곱에게서 또한 볼 수 있다. 야곱은 "자기 집안 사람과 자기와 함께 한 모든 자에게 … 자신을 정결하게 하고 … 우리가 일어나 벧엘로 올라가자 … 하나님께 내가 거기서 제단을 쌓으려 하노라"(창 35:2-3)며 예배의 자리로 초청한다. 이것이 세대통합 예배를 통해 하나님의 백성들이 하나님과의 언약을 갱신해야 할 이유이다.

출애굽한 이스라엘 백성들은 가나안 땅에 들어가기 직전 모세를 통하여 가나안 땅에 들어가게 되면 칠 년마다 그 끝 해 초막절에 온 이스라엘에게 율법을 낭독하여 들려주라는 명령을 받는다(신 31:10-12). 곧 "<u>백성의 남녀와 어린이와 네 성읍 안에 거류하는 타국인을 모으고</u> … 네 하나님 여호와를 경외하며 이 율법의 모든 말씀을 지켜 행하게 하"라는 명령이다. 비록 7년마다이긴 하지만 이스라엘 백성들은 남녀노소 할 것 없이 모두 모여 하나님의 말씀을 들어야 했다. 우여곡절 끝에 아이성을 점령한 이스라엘은 모세가 명령했던 의식을 에발 산에 제단을 쌓은 후 거행한다(수 8:34-35). "그 후에 … 모세가 명령한 것은 여호수아가 <u>이스라엘 온 회중과 여자들과 아이와 그들 중에 동행하는 거류민들 앞에서 낭</u>

독하지 아니한 말이 하나도 없었더라" 이스라엘의 모든 남녀노소 그리고 거류민들까지 함께 거행한 의식이었다.

모압과 암몬과 마온 사람들이 여호사밧을 치러 왔을 때에 그는 모든 유다 백성들과 함께 여호와를 의지한다. 역대하 20:13은 이렇게 말한다. "유다 모든 사람들이 그들의 아내와 자녀와 어린이와 더불어 여호와 앞에 섰더라" 역대하 34:30에서도 요시야는 "유다 모든 사람과 예루살렘 주민들과 제사장들과 레위 사람들과 모든 백성이 노소를 막론하고 다" 불러 모아 율법의 말씀을 듣게 한다. 지금까지 인용된 이스라엘의 모든 백성들이 하나님 앞에 모인 것은 정기적으로 이루어진 것은 아니다. 정기적이면서도 거국적, 공식적인 제사는 이스라엘의 3대 명절과 대속죄일에서 분명히 나타난다.

비록 앞에 예로 든 거국적 세대통합 모임이 안식일에 정기적으로 이루어진 것이 아니긴 하지만, 구약 창세기부터 말라기까지 '안식일'이라는 단어가 개역개정에서 80절에서 나타난다.[9] 그런데 그 80개절 중 반 가량은 이스라엘 백성들이 안식일에 쉴 것을 가르치는 내용이다. 구약성경은 여호와 하나님의 언약의 백성으로서 이스라엘이 안식일에 쉬며 창조주이시며 안식하신 하나님(출 20:11) 그리고 애굽에서 구원하신 하나님(신 5:15)을 기억하도록 가르친다. 이와 함께 구약성경은 안식일에 제사장들이 드릴 제사에 대해 언급한다. 여기서 안식일은 이스라엘 백성들이 하나님께 제사(예배)를 드리는 날이요, 하나님 앞에서 자신을 돌아보며 죄의 문제를 해결하며 헌신하는 날임을 확인할 수 있다.

신약에서 증거 하는 상황을 보면 구약 시대 전반(全般) 그리고 신구약 중간기에 안식일 회중들의 모임이 있었음을 짐작하게 만든다. 그들은 예루살렘 성전에서 그리고 산당에서 예배했다. 성전에서 이스라엘 백성들이 모여 제사하고 예배한 것은 당연한 일이다. 그들은 또한 산당에서도 개인적으로 그리고 회중적으로 제사하며 모임을 가졌다. 사무엘상 9:12은 사무엘을 찾는 사울에게 사람들이 이렇게 말했다. "백성이 오늘 산당에서 제사를 드리므로 그[사무엘]가 오늘 성읍에 들어오셨나이다" 열왕기상 3장에서 백성들(2절)과 솔로몬 왕(3-4절)에 의한 산당에서의 제사를 볼 수 있다. 그러나 아이러니하게도 솔로몬은 성전을 지은 후, 산당은 하나님을 예배하는 장소에서 우상숭배의 장소로도 악용하는 것을 곳곳에서 볼 수 있다(왕상 11:7, 12:31, 14:23, 특히 왕하 17장 등).

그럼에도 불구하고 다음의 구약 성구들은 안식일이 이스라엘 회중들이 함께 모여 예배하는 날임을 분명하게 가르쳐 준다. 레위기 23:3은 안식일을 '성회의 날'로 명하고 있고,[10] 이사야 1:13[11]에서 안식일에 '대회'와 '성회'를 형식적으로 모이는 것을 책망하고 있다. 이사야 66:23은 새로운 시대가 이르면 매월 초하루와 매 안식일에 모든 혈육이 하나님 앞에 나아와 예배할 것을 예언한다.[12] 이 성구들을 볼 때에 안식일은 이스라엘 백성들이 모두 함께 모여 예배하는 날이었음은 분명해진다.

신약의 증거

신약은 이스라엘 백성들이 회당에서 정기적으로 모였음을 분명하게 증거한다. 누가복음 4:16[13]에 의하면 예수님은 "안식일에 늘 하시던 대로 회당에 들어가"셨다. 그리고 거기에 모인 사람들에게 구약성경을 읽으시고 가르치셨다. 그리고 성령강림 후 사도들과 믿는 사람들은 "날마다 마음을 같이 하여 성전에 모이기를 힘쓰고 집에서 떡을 떼며 … 음식을 먹고 하나님을 찬미하"였다(행 2:46-47). 그들은 안식일뿐만 아니라 날마다 성전과 가정에 모여 예배했다. "날마다 마음을 같이하여 성전에 모이기를 힘쓰고 집에서 떡을 떼며 기쁨과 순전한 마음으로 음식을 먹고 하나님을 찬미하며…"

사도바울도 가는 곳마다 안식일에 회당에 들어갔다. 회당이 없는 빌립보에서는 기도처를 찾았다. 그 당시 디아스포라 유대인들은 열 명 이상의 성인들이 모이면 회당을 만들고 기도모임을 가졌다.[14] 사도바울은 가는 곳마다 회당을 찾아 안식일을 중심으로 디아스포라 유대인들과 하나님을 경외하는 이방인들과 개종자들에게 복음을 전했다(행 13장, 15:21, 17:2, 18:4). 유대인들은 바벨론 포로 이후 에스라를 통해 영적 각성을 가졌고, 신구약 중간기를 지나면서 율법을 따라 안식일을 거룩하게 지키기 위해 기도처 또는 회당을 세웠다. 회당을 중심으로 율법을 읽고 외우고 가르치면서 하나님을 섬겼다. 사도바울을 비롯한 초대교회의 전도자들은 1차적으로 회당에 가서 새언약을 선포하며 가르쳤고, 기독교로의 개종자를 얻고자 했다.

세대통합 예배의 당위성에 대한 신학적 이유

세대통합 예배의 성경적인 근거는 교회가 언약공동체라는 데 있다. 대한예수교 장로회 헌법 중 예배지침은 "예배의 본질은 언약적이다."라고 선언한다.[15] 구약의 이스라엘 백성들이나 신약시대의 교회는 모두 하나님의 작정 안에 존재하는 공동체이다. 구약에서 하나님의 언약은 한 개인에게만 주어진 것이 아니라 그 가족들 나아가 이스라엘 민족과 때로 전인류에게 주어졌다. 첫 사람 아담이 하나님과의 언약을 지키지 않았을 때에 그 결과 실락원의 저주는 모든 인류에게 미쳤고 땅도 저주를 받았다(창 3:16-24). 하나님은 홍수심판 후 노아와 그와 함께 한 아들들에게 언약을 맺으시며 말씀하셨다. "내가 내 언약을 너희와 너희 후손과 너희와 함께 한 모든 생물 … 땅의 모든 생물에게 세우리니…"(창 9:8-17) 하나님의 노아와의 언약은 그와 그 아들들뿐만 아니라, 그들의 후손 나아가 모든 생물에게 적용되는 것이었다.

아브라함과의 언약도 그에게만 아니라 그를 통해 이루어지는 큰 민족에게 미치는 복이었다. 특별히 아브라함과의 언약은 이스마엘과 이삭 그리고 아브라함 집의 모든 남자에게 할례를 통해 확실하게 주어졌다(창 17장, 21:4). 하나님의 언약은 그 대상자뿐만 아니라 그의 후손들에게까지 미치는 것임을 이삭(창 26:1-5)과 야곱(창 35:9-12)에게서 볼 수 있다.

모세는 애굽에 우박 재앙을 내리게 한 후 바로에게서 "너희의 하나님 여호와를 섬기러 갈 자는 누구누구냐?"라는 질문을 받는다. 이때에 그는 "우리가 여호와 앞에 절기를 지킬 것인즉 우리가 남녀노소와 양과 소를 데리고 가겠나이다"(출10:9)라고 대답한다. 언약의 공동체로서 세대통합 예배를 드리겠다는 뜻이다. 시내산에서 모세가 하나님을 맞으려고 백성을 거느리고 진에서 나올 때에 "우레와 번개와 빽빽한 구름이 산 위에 있고 나팔 소리가 매우 크게 들"리므로 "모든 백성이 다 떨"었다(출 16:16). 하나님은 이스라엘의 온 백성 앞에서 그의 영광을 나타내시고 율법을 모세에게 주신다. 요단강 동편 모압 땅에서 모세는 호렙산에서 들었던 하나님의 명령을 회상하며 말한다. "… 나에게 백성을 모으라 내가 그들에게 내 말을 들려주어 그들이 세상에 사는 날 동안 나를 경외함을 배우게 하며 그 자녀에게 가르치게 하리라 하시매"(신 4:10). 하나님은 이스라엘의 성인들뿐만 아니라 그 자녀들도 언약의 대

상임을 분명히 말씀하신다.[16]

　다윗과의 언약도 마찬가지이다. 다윗은 하나님의 언약의 말씀을 듣고 이렇게 고백한다. "주께서 주의 백성 이스라엘을 영원히 주의 백성으로 삼으셨사오니 여호와여 주께서 그들의 하나님이 되셨나이다"(대하 17:22) 다윗은 자기에게 주신 하나님의 언약이 자기뿐만 아니라 이스라엘 온 백성이 함께 받아 누리는 복이 됨을 선포했다. 언약은 개개인에게 주어지나 또한 가족과 이스라엘 민족에게 주어졌다.

　예수 그리스도는 성인들뿐만 아니라 어린 아이들을 영접하셨고 그들이 천국을 소유하고 있다고 천명하셨다. 예수님은 백부장의 믿음을 보시고 그의 하인의 중풍병을 고쳐주셨고(마 8:5-13), 가나안 여자의 믿음을 보시고 그의 딸을 고쳐주셨다(마 15:21-28). 구원을 얻는 하나님의 언약에 대한 믿음은 지극히 개인적인 것이나, 그 은혜는 가족들에게도 주어짐을 또한 본다.

　예수 그리스도의 대속(代贖)의 죽으심과 부활을 믿음으로 주어지는 구원은 새 언약의 핵심으로서 신약교회의 출발점이다. 성삼위 하나님의 작정 안에 있는 하나님의 백성들은 그의 구원의 은혜를 기뻐하며 감사하고 감격하여 하나님을 예배한다. 교회를 언약의 공동체라고 할 때에 그 구성원은 어른들만을 가리키지 않는다. 교회는 하나님의 언약의 대상이 되는 남녀노소를 망라한 회중을 가리키고 이들 모두가 함께 하는 공동체이다.

사도바울은 빌립보에서 루디아가 믿음을 고백했을 때에 "그와 그 집이 다 세례를 받"게 한다. 빌립보 감옥에 갇힌 바울에게 간수가 "내가 어떻게 하여야 구원을 받으리이까"라고 했을 때에 사도바울은 "주 예수를 믿으라 그리하면 너와 네 집이 구원을 받으리라"고 선언한다. 그 말을 들은 간수와 온 집안이 세례를 받고 하나님을 믿으므로 온 집안이 크게 기뻐했다(행 16:30-34).

세례는 예수 그리스도와의 영적 연합이요 조직 교회의 입회 의식이다. 김상구는 "세례예식은 수세자가 그리스도의 몸에 속한 지체가 되는 예식이며 모든 예배의 토대이다."[17]라고 선언한다. 온 집안이 세례를 받으므로 그들 모두는 교회의 머리이신 예수 그리스도의 지체가 되었고 예배자로 서게 되었다. 언약신학은 세대통합 예배의 신학적 근거이다.

기독교의 안식일 곧 주일은 구약의 일곱째 날 안식일과 비교할 때에 창조의 원리(출 20:11)와 애굽의 노예 상태로부터 속량(구속)(신 5:15)이라는 의미에서의 연속성을 지닌다. 이와 동시에 주일은 예수 그리스도 안에 있는 죄와 영벌로부터 구속의 완성을 생각하게 하는 날이다. 따라서 주일의 쉼과 예배와 선행(善行)은 하나님의 모든 언약을 새롭게 확인하는(갱신하는) 의미를 가진다. 따라서 언약신학을 받아들이는 사람들은 남녀노소가 모두 함께 모여 예배하는 시간을 적어도 한 번은 주일에 가져야 한다.

언약의 공동체성을 잃어버린 가정과 한국교회

오늘날 한국교회나 가정에서 하나님의 언약의 공동체라는 특성을 찾아보기가 힘들다. 신앙교육이 올바로 이루어지고 있는 가정을 찾아보기가 쉽지 않다. 온 가족이 하루에 한 끼라도 함께 식탁에 둘러앉아 식사하는 경우도 많지 않은 것 같다. 취업포털 잡코리아(www.jobkorea.co.kr)가 최근 국내외 기업에 재직 중인 남녀 직장인 1,035명을 대상으로 '일주일에 약 몇 번 정도 가족과 함께 저녁식사를 하는지' 질문하였다. 이에 대해, "남성 직장인들은 일주일에 '1~2번' 정도라고 답한 응답자가 42.9%로 가장 많았고, '한 번도 하기 힘들다'는 응답자도 23.1%에 달했다. 대한민국 남성 직장인 66%가 일주일에 겨우 [2회 이하로] 가족과 함께 식사하는 셈이다."[18] 이런 현상은 그리스도인 가정이라고 해서 예외가 아닐 것이다.

밥상머리 교육이라는 말이 있다. 가정에서의 신앙교육은 식탁을 중심으로 이루어진다고 할 때에 걱정스런 현실이다. 가정예배 회복을 주도하고 있는 임경근은 이렇게 말한다. "매끼 식사 후 성경을 읽으며, 찬송하고 기도하는 전통은 네덜란드와 프랑스 개혁교회의 전통이다. 이 전통은 현재 네덜란드에서 우리 가정이 배워 한국에서도 하고 있는 것이다."[19] 각 가정의 형편에 따라 가정예배 시간을 정할 수도 있겠으나, 저녁식사 전이나 식사 후가 바람직할 것이다. 가정예배가 이루어지기 힘든 상황에서 언약신앙을 공유하고 이어가는 것은 매우 힘든 일이다. 침상머리 교육도 있다. 아이들이 잠자리에 들기 전에 부모가 아이들의 이야기를 들어주고, 성경 이야기를 읽어주고 기도해주는 가운데 이루어지는 신앙교육의 방법이다. 가정예배가 어렵다면 적어도 침상머리 교육은 부모가 해야 한다. 부모는 자녀들의 신앙교육에 있어서 가장 중요한 책임을 지는 주체이다. 신명기 6:4-9과 에베소서 6:4은 부모가 그 자녀들의 신앙교육에 1차적인 책임이 있음을 분명히 한다.

그러나 가정에서의 신앙교육이 올바로 이루어지지 않는 이런 상황에서 교회마저도 연령별로 예배 시간을 독립적으로 갖게 될 때에 하나님께서 그의 백성들에게 주신 언약을 세대 간에 서로 나누고 함께 기뻐하고 누리며 하나님의 이름을 높이는 일은 언감생심이다. 부모 다음으로 차세대의 신앙교육을 담당할 주체는 교회이다. 그러나 교회마저도 언약공동체를 형성하는 노력이 너무나도 부족한 것이 오늘 한국교회의 현실이다. 무엇보다도 모든 세대가 함께 모이는 시간이 전혀 없어 세대 간의 소통이 전적으로 단절되어 있는 듯하다.

어린이로부터 노인에 이르기까지의 교인들이 언약의 백성들로서 세대 차이를 극복하고 한 믿음, 한 교회를 이룰 수 있을 것인가? 하나가 되기 위해서 가장 필요한 일은 함께 자리를 같이하여 만나고 대화하고 유산과 새로운 목표를 공유하며 마음과 힘을 합하는 것이다. 다양한 세대가 함께 한 자리에 모여 하나님께 예배하는 것은 너무나도 의미 있는 일이다. 김세광은 다음과 같이 세대통합 예배가 없는 한국교회의 상황을 염려한다.

[세대간 연합예배도 1부이든 2부이든 마련할 필요가 있음을 강조하려는] 것은 문화적 특성에 맞춘 [특정 연령을 위한] 예배의 한계 때문이다. 한쪽 방향만 강조한 예배만을 드리는 회중에게 나타나는 가장 큰 문제는 자신들과의 상반된 예배적 성향의 예배자들을 이해하고 영적 교제를 함께 나눌 수 있는 기회와 여건이 더 어려워진다는 점이다.[20]

초등부를 수료한 아이들이 중고등부 예배에 적응하기 어려워하고, 중고등부를 수료한 학생들이 성인들의 예배를 기피하는 이유 중 하나가 예배의 형식이 급변한 데 따른 것이라고 하겠다.

허순길은 세대통합 예배에 대해 다음과 같이 증언한다.[21] "개혁교회에서는 주일에 어린이들이 따로 모여 예배를 드리는 일이 없다. 중고등학생들도 따로 청소년 예배를 드리는 일이 없다 … 부모와 자녀들은 언제나 함께 공예배에 참석한다. 청소년들이 따로 모이는 것은 주중 성경연구반이나 청소년회에서이다." 각 연령층의 심리적 발달단계가 다르고 사회적 영적 필요가 다소 간 차이가 있으므로 어린이, 청소년, 청년, 중년, 노년의 연령층들이 정기적으로 따로 모여 교제하며 성경을 공부하는 것은 바람직하다. 그러나 오늘날 한국교회와 같이 여러 세대가 함께 모여 예배할 시간을 전혀 갖지 못하는 것은 여호와 하나님의 언약 공동체인 교회로서 합당하지 않다. 어떻게 하든지 당회는 모든 세대가 한 자리에 모여 예배하도록 방안을 강구하고 조속히 실천해야 한다. 대한예수교 장로회 헌법 예배지침은 주일학교의 부서별 예배에 대해 중학생 이상의 사람들은 반드시 일반 공예배에 참석하도록 촉구하고 있음을 기억해야 한다.[22] 그리고 심지어 유치, 유년, 초등부 어린이들까지도 참여하는 세대통합 예배를 실행할 수 있어야 한다.

교회는 한 지역에 사는 주민들을 중심으로 세워져야 한다.[23] 즉 가족들이 한 교회를 다니는 것이 마땅한 일이다. 그러나 현실은 그렇지 않은 것 같다. 한국인 특유의 정(情)의 문화 때문에 여간 멀리 이사하지 않는 한 교인들이 교회를 옮길 생각을 하지 않고, 또 많은 목회자들은 교회를 옮기지 말고 계속 다니라고 강권한다. 이때에 멀리 이사한 가정의 경우 부모와 자녀들이 같은 교회를 출석하지 않는 경우가 종종 생긴다. 부모는 원래 교회를 계속 다니고, 자녀들은 집에서 가까운 교회에 다니는 경우가 자주 발생한다.

설혹 한 가족이 같은 교회를 출석하더라도 연령을 따라 특성화된 예배모임과 교육기관이 있어 가족들이 각기 자기가 속한 부서에 따로따로 참석한다. 그들은 각기 다른 성경본문과 주제로 설교를 듣고 성경공부를 한다. 가족들이 함께 모이더라도 설교를 중심으로 대화를 하거나 교육하기가 쉽지 않게 된다.

교회가 언약공동체를 이루기 힘든 이유의 단적인 예를 들어

본다. 유아세례를 받은 0~2세의 아이가, 다른 아이들이 유아세례를 받는 모습을 보고 자신이 받은 유아세례의 의미를 생각해 볼 수 있는 기회가 언제쯤 있게 될까? 많은 교회들의 현재의 상황이라면 어른 예배에 참석하게 될 때라고 하겠다. 빨라야 중학생, 아니면 성인이 되어서야 비로소 가능할 것이다. 그들은 10년에서 20년 동안 자기가 받은 유아세례를 거의 생각하지 않고 지나게 된다. 왜냐하면 자기들이 받은 세례는 전혀 기억에 남아있지 않기 때문이다. 그들이 자라서 다른 아기들이 유아세례를 두 눈으로 보게 되면 그것이 무슨 의식이며 어떤 의미가 있는가에 대해 생각해 볼 기회를 가지게 된다. 그러나 그들은 오랫동안 그런 일을 볼 수가 없었다. 그들은 자신이 그리고 다른 사람들이 언약의 백성이라는 정체감을 확인하지 못하고 긴 세월을 보내는 가운데 하나님이 유아세례를 통해 주시는 은혜를 누리지 못한다. 그리고 하나님의 택함 받은 자녀의 권세를 사용하지 못하는 가운데 언약의 공동체인 교회를 멀리하고 세상과 구별이 없는 세속적인 삶을 살 가능성이 커지게 된다.

    유대인들은 유월절 만찬 때에 아이들로 하여금 아버지에게 묻도록 했다. "이 예식이 무슨 뜻이냐?" 아버지는 이 질문에 대해 출애굽 때에 있었던 일들을 설명해 주었다. 유아세례 받은 아이들이 세대통합 예배에 참석하면서 다른 아기들이 세례를 받는 것을 볼 때에 "이 예식이 무슨 뜻이냐?"는 질문을 갖게 될 것이다. 그리고 유아세례를 자신도 받았는지 확인해 볼 것이다. 나아가 왜 이 예식을 행하는지 물어볼 기회를 갖게 된다. 이것은 입교나 성인 세례 그리고 성찬예식에도 동일하게 적용된다. 그러므로 세대통합 예배는 하나님의 뜻을 따라 언약공동체를 세우는 데 필수적이라고 하겠다. 교회는 부모들이 가정예배를 통해 자녀들을 신앙으로 양육하도록 해야 한다. 나아가 교회는 세대통합 예배를 통해 교인들 안에 언약의 공동체성을 증진시켜야 한다.

세대분할예배의 장점과 문제점

세대분할예배를 하는 교회들이 가지는 장점은 많이 있을 것이다. 무엇보다도 첫째로, 각 세대에 적합한 예배순서가 용이하다는 것이다. 그리고 각 세대별 동질그룹이므로 교제가 원활하게 이루어질 수 있다는 점도 장점이다. 믿지 않는 친구들을 예배에 초청하기도 훨씬 쉽다. 문화랑은 연동교회가 고등부 부서별 예배에서 세대통합 예배로 그리고 다시 부서별 예배로 환원한 사례를 소개하고 있다. 세대통합 예배를 1986년에 실시했을 때에 150~200명이 모이던 고등부가 40~50명으로 줄어들었고, 1993년 고등부 예배가 부활되자 부서의 활력이 되살아났다는 것이다.[24] 이런 현실의 통계를 보는 교회의 지도자들은 세대통합 예배를 시작할 마음이 사라지고 말 것이다.

그러나 세대통합 예배가 언약공동체인 교회이기 때문에 반드시 하려고 한다면 해결책은 있다. 김세광은 이런 문제를 극복하기 위한 방안으로 다음과 같이 제안한다. "세대간 연합예배는 현재 교회학교 예배를 대체하는 것이 아니라, 함께 병행해야 한다."[25] 연동교회의 사례에서 볼 수 있듯이 그룹다이내믹스라는 측면에서 동질성 그룹은 많은 장점이 있다. 따라서 주일 오전 시간에는 부서별 예배를 하고, 오후 또는 저녁에는 세대통합 예배를 하는 방식을 취할 수 있다. 또는 그 반대로 오전에는 통합 예배, 오후에는 부서별 예배로 하는 것은 이런 문제를 해결하고 언약의 공동체를 세워 가는데 큰 도움이 될 수 있다.

특별히 웨스터호프(Westerfhoff)는 세대통합 예배를 통해 공동체성을 증진시킬 때에 진정한 신앙교육이 이루어진다고 강조한다. 그는 교육이란 정보의 전달로 충분하지 않다고 말한다. 그리고 진정한 신앙은 공동체 안에서 배양될 수 있다고 다음과 같이 주장한다.[26]

종교는 지식의 대상이 될 수 있다. 그러나 신앙은 마음을 열고 그것으로 행위하고 살아가는 방법이 아니고는 파악될 수 없는 사항이다. 그러므로 신앙이 생생하게 맥박치는 공동체 안에서 자연스럽게 불러 일으켜지고 자각되는 일은 있어도 결코 누구의 소유물인 양 그에게서 다른 사람에게로 전수되는 것은 아니다. 오히려 신앙은 역사 속에서 신앙의 전통을 담당하며 살아가는 공동체와 연결되어 지금 여기에서 그 같은 믿음을 서로 나누는 사람들에 의해 단적으로 표명되며, 개혁되며, 새로운 의미를 획득해 가는 일이다.

 웨스터호프는 이런 신앙의 양육이 일어나려면 교회 안에 있는 세 개의 세대들(three generations) 사이에 상호작용이 일어나야 된다고 한다. 교회에 있는 세 개의 세대들이 서로 단절 또는 유리시켜서는 안 된다. 이 3개 세대를 그는 이렇게 설명한다.[27] 제1세대는 미래를 향한 환상과 꿈에 사는 세대, 제2세대는 현재에 사는 세대, 제3의 세대는 과거의 기억에 사는 세대이다. 이 3개의 세대들이 독자적으로 고유의 기능을 발휘하면서 동시에 상호적으로 영향을 끼칠 때에 크리스찬 공동체는 발전하게 된다.

 장년 세대는 현재 교회의 중책을 맡고 있는 세대이다. 그리고 노년 세대는 지난날에 교회를 위해 하나님의 나라를 위해 땀을 흘리며 수고한 사람들이다. 그들은 하나님을 기쁘시게 한 일과 슬프시게 한 일의 기억을 지닌 이들이다. 그들은 현재 교회의 중요한 일들을 담당하고 있는 장년들에게 교훈을 주며 격려와 힘을 제공해야 하는 위치에 있다. 어린이들과 청소년들 그리고 청년들은 앞선 신앙의 선배들을 보면서 앞으로 교회와 하나님의 나라를 위한 환상과 꿈을 가져야 한다. 이를 위해 2세대와 3세대의 사람들은 제1세대의 사람들에게 모범을 보이며 지도해야 한다. 이런 상호작용이 일어나기 위해서는 세대통합 예배가 필수적이다.

둘째로, 예배 시간의 반 이상을 차지하는 설교를 준비하는 설교자는 세대통합 예배 때보다 세대별 예배 때에 부담이 줄어들 수 있다는 장점이 있다. 이에 따라 설교를 듣는 청중이 보다 경청할 수 있는 가능성이 높을 수도 있다. 설교를 준비함에 있어 설교자는 그 세대에 적합한 본문 선택, 접근 방법, 어휘사용, 그리고 적용을 이끌어내는 데 수월할 수 있기 때문이다. 모든 연령층을 다 포괄하는 설교를 잘 하기는 어렵다. 그러나 언약공동체로서의 교회를 이루어가려고 할 때에 설교자는 역설적으로 설교에 있어서 보다 다양한 관심사나 주제 그리고 접근방법을 활용함으로써 다양한 세대들의 당면한 문제를 서로 나눌 수 있고, 서로에 대한 관심을 증진시키면서 공동체 의식을 함양할 수 있다. 세대통합 예배만 교회에 있다면 문제가 되지만 부서별 예배를 병행할 때에 설교자는 보다 많은 가능성을 가지게 된다.

셋째로, 세대별로 나누어서 하는 예배는 특별히 어른들이 예배에 집중하기가 쉬운 장점이 있다. 자기통제가 잘 되어 있는 어른들에 비해 어린이들이나 청소년들은 예배에 집중하기가 쉽지 않다. 세대통합 예배에 참석하는 이들은 예배의 '훼방꾼' 노릇을 하기 쉽다. 이런 일들을 잘 이해하고 포용하는 성인들이 있는가 하면 전혀 그렇지 못하고 불편해 하고 힘들어 하는 이들도 적지 않다. 특별히 세대통합 예배를 시작할 때에 이런 어려움은 매우 크다. 그러나 언약공동체를 세우기 위해서 이런 고통은 감수할 수 있어야 할 것이다.

이에 대해 김세광은 "세대간 연합예배의 가능성은 역설적이게도 그 예배의 소란스러움, 갈등, 불편함, 번거로움으로부터 온다."고 충격적인 선언을 한다. 다세대가 모여 예배할 때에 어린이나 청소년들의 거스르는 행태에 대해 관용하며 인내하며 수용하고 격려함으로써 언약공동체의 아름다움이 드러날 수 있다는 것이다. 오늘날 주일 예배가 하나님의 언약의 갱신의 성격을 잃어가는 상황에서 각 세대가 겸손과 상호존중의 태도로 예배에 참여할 때에 하나님의 은혜가 풍성히 임하게 될 것이다.

보이스는 특별히 아이들의 예배에 참여도가 낮은 문제와 관련하여 다음과 같이 주장한다. "우리가 우리 자녀들과 함께 가져야만 하는 목표는 어린이를 어른들의 수준으로 끌어올려야만 하는 것이다. 즉 어린이로 하여금 하나님과의 관계에 있어 어른 수준의 역할을 감당할 수 있도록 하는 것이다. 비록 어린이가 진행되는 것을 처음에는 따라갈 수 없을지라도, 우리가 해야 할 일은 그들로 하여금 그렇게 할 수 있고 그렇게 해야만 한다는 것을 가르쳐주는 것이다."[28]

오늘날 한국 농촌의 미래가 어둡다고 하는 이유를 "아기의 울음소리가 들리지 않는다."는 말로 표현하기도 한다. 어린이들이 비록 예배에 집중하는 데 방해를 할 수도 있지만, 그들이 있기에 교회의 미래가 밝을 수 있다. 따라서 어른들이 어린아이들의 장난과 소란스러운 현실을 포용하고 그들을 귀하게 여길 때에 언약공동체인 교회가 더욱 건강하게 세워지고 세상을 변화시키는 교회의 역할을 보다 활발하게 수행하게 될 것이다.

세대통합 예배를 가지기 위한 준비

그러면 세대통합 예배 즉 어린아이로부터 노년에 이르는 모든 교인들이 함께 예배하기 위해 어떤 준비가 선행되어야 하며, 어떤 순서를 따라 준비해야 할까?

첫째, 가장 먼저 있어야 하고 가장 중요한 것은 담임 목사가 언약공동체로서의 교회에 대한 성경적, 신학적, 역사적 근거를 확립하는 일이다. 담임 목사가 먼저 이런 확신을 갖지 못한다면 시작하기가 어렵다. 또 설혹 시작한다고 해도 불평이나 반대에 부딪칠 때에 세대통합 예배를 지속적으로 시행하는 것은 불가능하다. 따라서 담임 목사는 하나의 유행이기 때문에 이를 시작할 것이 아니다. 세대통합 예배가 진정 하나님의 선하시고 기뻐하시고 온전하신 뜻임을 확신하고 헌신해야 한다. 그리고 선행하는 교회들의 사례를 꼼꼼히 살펴보아야 한다. 또 로드맵을 만들어야 한다.

둘째로, 당회원들이 이 일에 공감하고 합의하는 일이다. 헌법을 따라 당회는 교인들의 신앙과 행위를 총찰하며, 제반 예배주관의 책임을 갖는다.[29] 당회원들이 언약공동체를 이루려는 일에 하나가 되기 위해서는 담임 목사가 적어도 1~2년의 기간을 잡고 단계적인 계획을 세워야 한다. 목회자는 당회원들과 성경의 가르침과 언약신학에 대해 나누어야 한다. 마음을 같이 해야 한다. 그리고 이미 온 가족이 함께 예배하고 있는 다른 교회들을 탐방하거나 사례(事例)를 공유해야 한다. 그리고 목사가 만든 로드맵을 가지고 토론하며 당회의 로드맵을 확정지어야 한다. 그리고 조금씩 실행에 옮겨야 한다.

셋째로, 예배위원회를 만들어 세대통합 예배를 통해 보다 나은 언약공동체를 세워 나아가야 한다. 예배위원회를 조직할 경우 당회원이 반드시 포함되어야 하고, 당회원은 예배위원들의 의견을 적극적으로 수렴하면서도 주도적인 역할을 견지해야 한다. 특별히 세대통합 예배를 위한 예배위원회에는 당회원 외에 다양한 은사를 가진 사람들이 포함되면 유익할 것이다.[30] 그러나 은사를 가진 이들과 함께 또는 별개로 초등부, 청소년부, 청년부, 장년과 노년부의 대표들을 참여시켜야 한다. 연령층을 대표하는 이들은 세대통합 예배가 명실상부한 '세대통합'이 되도록 각 연령층의 관심사를 반영시켜야 한다. 그리고 자기가 속한 연령층의 예배 참석율을 높이며 동시에 예배의 각 순서에 참여도를 높일 수 있는 방안을 제시하고 논의할 수 있어야 한다. 그리함으로써 언약공동체로서 모든 연령층의 교인들이 마음과 힘을 합하여 하나님을 영화롭게 하는 세대통합 예배를 실현시킬 수 있다.

예배위원들은 앞서 세대통합 예배를 올바로 시행하고 있는 교회를 탐방할 필요가 있다. 백문(百聞)이 불여일견(不如一見)이라는 말처럼 아무리 많은 말을 들어도 직접 눈으로 확인하는 것보다 못하다. 따라서 이 점에서 앞선 교회를 방문하여 직접 참여해보고 그곳의 지도자들을 만나 이야기를 듣고 의견을 나누는 것은 매우 도움이 된다. 그리고 본 교회의 현실을 고려하여 발전된 제안을 당회나 교회에 한다면 시행착오를 줄이며 세대통합 예배를 할 수 있을 것이다.

넷째로, 세대통합 예배를 시작하기 전, 교인들에게 이에 대한 교육을 해야 한다. 왜 세대통합 예배를 해야 하는지, 어떻게 하려고 하는지, 어떻게 참여해야 하는지, 예상되는 어려움이나 문제를 어떻게 극복해야 하는지 등에 대해 교인들을 가르치고 의견을 나누어야 한다. 그리고 세대통합 예배를 시행하면서 그들로부터 피드백(소감, 평가, 건의사항 등)을 받아야 한다. 성경적, 신학적, 역사적, 실용적인 교육을 통해 세대통합 예배를 통해 언약공동체를 굳건히 세울 수 있어야 하겠다.

다섯째, 세대통합 예배를 시행하기로 교회가 결정할 때에 부모는 가정에서 자녀들에게 이 예배의 중요성과 의의를 가르쳐야 한다. 그런 가르침이 인간적인 체면을 세우기 위해서거나 율법적인 강요가 되어서는 하나님께 영광이 되지 못할 것이다. 나아가 부

모나 자녀들 모두에게 유익이 거의 없을 것이다. 드종은 다음과 같이 말한다.[31]

신앙에 대한 이 가르침이 그리스도인 가정에 널리 퍼지게 하여, 어린이들이 하나님의 말씀뿐 아니라 하나님께 예배드리는 법을 확실히 배우게 해야 한다. 부모는 아이들이 예배를 통해 드리는 헌신과 그 역할을 이해하도록 도와야 한다. 그리하여 예배에 참석하는 것이 왜 중요한지를 인식시켜야 한다. '마땅히 행할 길'(잠 22:6)을 어린아이들에게 가르친다면 그들이 드리는 예배는 평생토록 신령한 예배가 될 것이다.

세대통합 예배를 정착시키기 위한 단계와 방안

모든 교회는 형편과 사정이 다르다. 따라서 아래 제시하는 정착 단계와 방안은 그대로 실행해서는 안 된다. 이를 참고하면서 각 교회의 형편에 맞게 활용해야 한다. 각 교회가 참고할 수 있는 세대통합 예배의 실제적인 단계와 방안을 아래에 제시한다.

여기서는 오전예배는 각 연령별 예배를 하면서 오후예배를 세대통합 예배로 발전시키는 방안을 제시한다.

첫째, 가장 먼저 세대통합 예배를 시행할 수 있는 방식은 성탄주일, 부활절, 성령강림절, 특별히 유아세례나 입교 또는 성찬과 같은 성례가 있는 주일을 활용하여 연합예배를 하는 것이다. 부서들의 특별순서도 예배에 포함시킨다. 가족들이 함께 모여 자리에 앉게 한다. 불신 가정에서 나오는 아이들은 교사나 장노년층 교인들 중 자원자들이 담당한다.

둘째, 오후 예배 시간에 자원하는 가정들을 중심으로 자녀들을 어른 예배에 참여시키는 단계이다. 어린이들을 단번에 모두 참석시키면 오후예배 분위기가 어수선하게 되어 어른이나 아이들이나 다 집중하기 어렵게 될 수도 있다. 이런 혼란을 피하려면 비교적 훈련이 잘 된 아이들을 가진 몇몇 부모들을 권유하여 함께 오후예배에 참석하게 한다. 그 후 점차 참석하는 아이들의 범위를 확대해 나간다.

세대통합 예배의 경우 설교자는 질문법을 활용하면서 그리고 시청각자료를 활용하면서 강의식으로 설교를 하는 것이 좋다. 오후나 저녁때에 교리를 가지고 설교하는 것도 좋은 방법이다. 설교자가 일방적으로 혼자 말을 하면 아이들은 집중하기가 어렵기 때문에 질문을 하면서 대화식으로 설교를 한다. 모든 예배자들의 참여도를 높이려면 설교자는 설교의 개요를 기록한 유인물을 나누어주고 곳곳에 괄호를 넣어 설교를 들으면서 빈칸을 채우도록 할 수 있다. 프로젝트를 사용하여 강의와 관련 있는 시청각 자료를 활용한다면 어린이나 어른 모두의 주의를 집중시키는 데 도움이 될 것이다.

한 부분을 설명한 후에 설교자는 전체 참석자들에게 질문한다. 또 부모와 자녀들, 또는 가까이 앉은 사람들끼리 설교내용에 대해 또는 적용부분을 가지고 서로 생각을 나누거나 토론하게 한다. 부모로 하여금 아이들에게 질문을 하게하고 그들로 답을 하게 하는 시간도 갖는다. 그러면 부모나 아이들이나 모두 설교에 집중하게 되고 하나님의 진리를 내면화(內面化)하는 데 유익이 많다.

셋째, 주일 오후 예배를 전교회적으로 시행하는 단계이다. 허순길은 세대통합 예배를 시행하고 있는 서구의 개혁교회에 대해 이렇게 증언한다. 물론 이 교회들은 오전 오후 예배 모두를 세대통합 예배로 가진다. "개혁교회에 속한 가정들은 어린이가 유치원에 갈 나이가 되면 부모와 같이 예배에 참석하게 된다. 부모들은 어린 아이들을 중간에 앉히고 예배 도중 주의를 기울이고 감독[한다]. 목사의 설교가 이 어린이들에게는 이해하기 어렵다. 그러나 이들은 하나님의 말씀에 귀를 기울이는 습관을 어릴 때부터 배우게 된다." 이어서 "개혁교회 신자들의 가정에서는 예배 후 집에 돌아와 식사를 할 때에 그날 들은 설교의 본문을 식탁에서 읽고 가족이 함께 다시 말씀을 음미하고 기도로 마치는 전통이 있다."[32]

세대통합 예배는 교회가 하나님의 언약백성의 공동체임을 확인하게 만든다. 교회 안의 모든 어른들과 어린이나 청소년 사이에 친밀함과 유대(紐帶)가 확실하다. 신앙공동체로서 하나 됨과 돌봄이 형성된다. 가정에서 부모와 자녀들이 말씀 안에서 언약백성으로서의 의식과 가치관을 견고히 세움으로써 세대차를 극복하면서 교회가 든든히 서고, 세상을 복음으로 변화시키는 사명을 수행하게 된다.

오후(저녁)예배 때 시행을 권하는 이유

세대통합 예배를 새로이 시작하는 교회라면 오후(저녁)예배 때 시행하기를 권한다. 그 이유는 다음과 같다.

첫째, 오후예배에서도 오전예배와 같이 예전을 갖추어야 하겠지만 비교적 융통성 있는 진행을 하기가 오전예배보다 쉽기 때문이다. 우선 오전예배보다 일반적으로 참여하는 사람들이 적다. 그리고 시작 전에 찬양을 보통 서너 곡 하게 되는데 이때에 어린이들도 함께 부를 수 있는 찬양을 한두 곡 할 수 있다. 나아가 찬양팀에 어린이와 청소년들도 포함을 시켜서 찬송을 인도하게 한다. 이를 통해 어린이들도 이 예배에 자신들이 배제되지 않음을 알게 되어 좀 더 적극적인 참여를 할 수 있다.

둘째, 오후예배는 오전예배보다 교회에 헌신도가 낮은 이들의 참여가 적은 편이다. 예배실 공간이 협소할 경우 모든 세대가 함께 모여 예배할 때에 오전에 실행하기 곤란할 수 있다. 따라서 오후예배에 세대통합 예배를 하는 것이 현실적으로 타당할 수 있다.

셋째, 오후예배는 오전예배보다 교회에 헌신도가 높은 이들이 많이 참여하게 된다. 그들의 자녀들은 믿지 않는 가정에서 교회에 출석하는 다른 어린이들보다 예배에 집중하는 정도가 좋을 수 있다. 따라서 오후예배에 주로 믿는 가정의 어린이들이 참석하여 예배의 전체 분위기를 소란하게 만들지 않고 참여를 잘 함으로써 성인들이 예배하는 데 방해를 줄일 수 있다. 이들로부터 시작해서 세대통합 예배의 분위기를 성숙하게 만든 후 여타 모든 교인들 가족과 불신 가정의 아이들이 추가로 참여하게 될 때에 모두의 유익이 클 수 있다.

세대통합 예배를 시행하기 전에 교회의 지도자들은 불신 가정에서 교회에 출석하는 어린이들에게 멘토를 연결시켜 주는 것이 필요하다. 세대통합 예배를 안하더라도 이 일은 필요하지만, 세대통합 예배를 하려면 더욱 이런 작업이 요구된다. 세대통합 예배를 하려면 믿는 가정의 어린이들뿐만 아니라 믿지 않는 가정의 어린이들도 오후예배에 참석할 수 있어야 한다. 그런데 오후예배에 보호자가 없는 어린이들이 참석하게 될 때에 그들이 예배를 방해할 가능성이 매우 높다. 따라서 신앙이 반듯하고 시간 여유가 있는 장노년층의 어른들이 불신 가정의 어린이들과 멘토링의 관계를 맺음으로써 아이들이 예배에 진지하게 참여하도록 도울 수 있다. "악화는 양화를 구축한다."는 그레샴의 법칙처럼 몇몇 아이들이 예배를 방해하기 시작하면 예배를 잘 하던 아이들의 태도도 거기에 휩쓸

릴 가능성이 높아진다. 따라서 믿는 가정의 아이들이 먼저 세대통합 예배에 능동적으로 참여하도록 분위기를 만든 후에 불신 가정의 아이들도 멘토들과 함께 참여할 기회를 주는 것이 바람직하다.

교회의 장노년의 교인들이 불신 가정의 아이들을, 법적으로는 아니지만 개인적으로 '입양'하여 교제하며 신앙적인 도움을 주면서 함께 예배할 때에 하나님의 놀라운 은혜가 임하게 된다. 참된 신앙인은 이웃을 사랑하고 섬기게 되어 있다. 이웃에 사는 소외된 아이들을 찾아서 그들을 위해 기도하고, 또 물질적인 도움을 조금씩 베풀면서 관계를 형성할 때에 아이들은 이웃 어른으로부터 그리고 주님의 사랑을 받는 기쁨과 복을 누리게 될 것이다. 장노년 교인들은 아이들을 돌보면서 주님의 마음을 품게 되고 교회와 하나님의 나라를 위해 수고하고 기여하는 복을 받는다. 따라서 세대통합 예배는 교인들을 살리며 교회를 살리고 나아가 지역에 하나님의 나라를 흥왕하게 하는 데 큰 역할을 하게 된다.

넷째, 오후예배 시간에 오전에 성찬에 참여하지 못한 사람들을 위해 성찬식을 보완적으로 시행할 필요가 있다. 그리고 유아세례나 세례(입교)도 일부의 가정과 사람의 양해를 얻어 오후예배 시간에 거행한다. 그렇게 할 때에 유아세례와 세례(입교) 그리고 성찬의 의미를 후대들에게 보다 효과적으로 가르칠 수 있다. 집례자가 성례의 의미를 몇 번 설명하면서 시행한 후에는 부모나 멘토가 아이들에게 직접 설명을 하게 하는 것도 필요하다. 그렇다면 어른들은 성례의 의의를 보다 더 정확하게 이해하게 될 것이고, 아이들은 보다 쉽게 성례의 의미를 알게 될 것이다.

세대통합 예배 시 설교와 관련된 제안

세대통합 예배에 있어서 예배의 모든 순서는 모든 세대의 사람들이 적극적으로 참여할 수 있도록 진행되어야 한다. 예배로의 부름으로부터 시작하여 찬송, 기도, 세례와 성찬, 성경봉독 그리고 설교에 이르기까지 예배에 참석하는 모든 이들이 흥미를 가지는 순서가 되도록 예배위원회는 주의를 기울여야 한다. 유치부 어린이로부터 시작하여 연로한 이들이 모두 참여할 수 있는 순서를 만든다는 것은 거의 불가능한 일이다. 그럼에도 불구하고 교회의 지도자들은 성령님을 의지하고 여러 자료들을 참고하며 참석자들의 의견을 듣고 반영함으로써 모든 세대들이 의미 있게 참여하는 예배를 쉬임 없이 추구해야 한다. 특별히 설교 순서에 대해 다룬다.

설교하는 여러 방식들

세대통합 예배에 있어서 설교를 하는 방식은 크게 세 가지이다. 첫째는 예배를 모든 세대가 함께 시작하고, 설교 순서가 되면 어린이를 위한 설교를 10분 내외로 먼저 한다. 설교 후 찬송을 부르면서 아이들은 예배의 자리를 떠나 다른 장소로 가서 어린이들 중심으로 남은 순서를 가지는 방식이다. 설교자는 보통 어린이 담당 목사나 교사가 한다. 어린이들이 그들의 수준에 맞는 설교를 하므로 설교에 집중하기가 보다 수월하다. 어린이들이 다른 곳으로 이동한 후에 어른 설교가 있으므로 어른들도 설교에 방해 받을 일이 없다. 문제는 처음부터 끝까지 참석하는 사람들의 예배 시간이 길어질 수 있고 설교를 두 번 들어 불만이 생길 수도 있다. 그리고 예배 시작부터 끝까지 어린이들이 참여하지 않음으로써 세대통합 예배라는 관점에서 아쉬움이 없을 수가 없는 방식이다.

둘째는 어린이 설교를 한 후 어린이들이 어른 설교도 듣고 예배에 끝까지 참여하는 방식이다. 이때에 두 설교자가 설교를 각각 할 수도 있고, 한 설교자가 어린이와 어른 설교를 함께 할 수도 있다. 어떻든 간에 어린이 설교와 어른 설교는 본문이나 주제를 통일하는 것이 바람직하다. 그럼으로써 부모를 포함한 어른들은 아이들과 설교에 대해 생각을 나눌 수 있고, 아이들은 어른 설교를 보다 잘 이해하고 집중할 수 있다. 이 방식은 세대통합 예배라는 이름에 걸맞게 처음부터 끝까지 어린이들과 어른들이 함께 시간을 가진다는 점에서 의미가 있다. 그러나 어린이들은 예배의 자리에 오랜 시간 앉아 있어야 하므로 힘들어 할 수 있다.

셋째 방식은 처음부터 끝까지 모든 세대가 예배를 함께 드리되, 설교는 어린이나 어른 모두가 함께 들을 수 있는 수준으로 한 번만 하는 것이다. 이런 설교가 쉽지 않은 것은 사실이다. 그러나 불가능한 것은 아닐 것이기에 설교자는 여러 가지 시도를 하는 가운데 최선의 방법을 찾아야 한다. (이를 해결할 수 있는 방안에 대해 아래에 제시한다.)

이때에 한번은 어린이들에게 좀 더 비중을 두거나, 다음에는 어른들에게 비중을 두어 설교를 하는 방법도 있다. 어린이들에게 초점을 맞추어 설교할 때에는 설교시간을 상대적으로 짧게 한다. 오후 시간에 찬양대회나 단기선교팀 파송 같은 특별순서가 있을 때에 어린이들에게 초점을 맞춘 설교를 짧게 할 수 있다. 특별 순서가 없을 때에도 어린이들을 중심으로 하되 어른들에게도 유익한 짧은 설교를 할 수도 있다. 어른들에게 비중을 좀 더 주어 설교할 때에는 설교시간을 조금 더 길게 할 수 있다. 이때에도 어린이들이 흥미를 잃지 않도록 배려하면서 설교해야 할 것이다.

어느 한 쪽에 비중을 두어 설교를 하더라도 결코 나머지 한 쪽을 배제하는 설교가 되어서는 안 된다. 양쪽 연령층 사람들 모두가 귀를 기울여 하나님의 말씀을 들을 수 있도록 설교자는 최선을 다해야 한다. 설교를 한 번 할 때에 진정한 통합이 이루어질 수 있을 것이다. 필자는 이런 점에서 처음부터 끝까지 모든 세대의 사람들이 함께 참석하면서, 설교도 한 번 하는 예배를 권장하고 싶다.

어린이와 어른들이 함께 듣는 설교 시 주의할 일들

첫째, 예배시간의 반 이상을 점유하는 것이 설교이다. 따라서 세대통합 예배에 있어서 설교자의 역할은 매우 중요하다. 설교자는 마땅히 어린이들이 조금이라도 더 설교에 주의를 집중하고 이해하며 어린이들 자신의 삶에 적용할 수 있는 설교가 되도록 노력을 기울여야 한다. 이를 위해 설교자는 가능하면 유치한 단어는 피해야 하지만 쉬운 단어를 사용해야 한다. 어려운 단어를 불가피하게 사용해야 될 때에는 그 단어를 쉽게 풀이해 주어야 한다.

둘째, 설교자는 최선을 다해서 성경의 가르침에 충실하면서도 어른이나 어린이 모두에게 재미와 흥미가 있는 설교를 만들어야 한다. 이렇게 하는 것이 쉽지 않음은 틀림없다. 그러나 설교자는 어른이나 어린이가 함께 이해하고 적용할 수 있는 설교를 만들기 위해 부단히 심혈을 기울여야 한다.

셋째, 설교는 일방적인 선포의 성격이 강하지만, 오후예배 시간에는 질문을 많이 활용할 수 있다. 질문은 듣는 사람들을 긴장시키기도 하고 머리의 회전을 빠르게 만들어 설교에 관심을 기울이게 하는 효과가 있다. 뿐만 아니라 질문은 듣기만 하는 수동적인 태도를 바꾸어 능동적으로 생각하게 만드는 기능도 한다. 따라서 설교자는 수사적인 질문을 통해서 청중의 주의를 환기시킬 필요가 있다. 뿐만 아니라 설교자는 대답을 요구하는 질문도 모든 청중들 특히 어린이나 청소년들을 향해 할 필요가 있다. 설교자는 청중들의 질문에 대한 답을 들음으로써 자신의 설교에 대해 어른들이나 어린이들이 어느 정도 이해하고 있는지 파악할 수 있다. 어른들이나 어린이들에게 질문을 설교 중간 중간에 함으로써 주의를 환기시키며 설교의 흐름을 잃지 않고 따라올 수 있도록 도울 수 있다.

넷째, 질문과 함께 예배 시작 전에 설교의 개요를 유인물로 제공하거나, 예배 중 ppt 자료를 통해 보여줄 수 있으면 좋을 것이다. 설교 개요를 자세히 다 적지 말고, 빈칸을 남겨둘 필요가 있다. 그렇게 하면 어른이나 어린이들이나 빈칸을 채우기 위해서라도 설교에 집중할 가능성이 높아진다. 더욱이 설교자가 대지를 마무리할 즈음에 질문을 한다면 그 가능성은 더욱 높아질 것이다.

다섯째, 설교가 끝난 후 가족끼리 설교의 내용을 확인하고 또 질문이나 소감 그리고 적용을 나누는 시간을 잠시라도 갖게 할 필요가 있다. 나아가 다음 주일 오후 설교 직전에 세대별로 한두 사람이 지난 주일 설교에 대한 소감을 전체 앞에 발표하는 시간을 가질 수도 있다. 그리하면 설교시간에 집중도는 탁월하게 높아질 것이고 설교 중 이해가 가지 않는 내용들을 해소할 기회를 가질 수도 있다. 신앙이란 지식이 바탕이 되어야 하지만 그 위에 동의와 신뢰가 있어야 된다. 그리고 믿음은 반드시 행동으로 표현되어야 하고, 인격형성으로 나아가야 한다. 나눔의 시간은 성경을 아는 지식 위에 공감과 신뢰 그리고 말씀의 열매를 맺는 데 크게 기여할 수 있다.

오늘날 여러 가지 이유로 인해 세대통합 예배가 한국교회 안에서 자리잡지 못하고 있는 상황이다. 더욱이 한국사회에서는 세대 간의 갈등이 점증되는 듯한 분위기이다. 이런 때에 언약공동체인 교회가 언약의 갱신을 위하여 모든 세대가 한 자리에 함께 모여 예배하는 일은 마땅히 회복되어야 할 일이다. 시작은 어렵겠지만 하나님이 기뻐하시는 세대통합 예배이기에 확신을 가지고 세심하게 준비하여 시행한다면 하나님께서 큰 영광을 받으실 것이다. 나아가 예배에 참여하는 모든 세대의 사람들에게 큰 기쁨과 감사와 감격이 있게 되리라 확신한다.

미주

1. 아래 사이트에 게시된 글을 참고하라.
   뱅갈선교를 꿈꾸며, "믿음의 유산, 함께 만들어가야 의미 커져" (2015, 2. 9)
   2015, 4. 21 접속. http://blog.naver.com/PostView.nhn?blogId=skytaste&log
   No=220268104254
   뱅갈선교를 꿈꾸며, "세대 잇는 것은 기교 아닌 인내와 관용" (2015, 2. 9) 2015, 4. 21
   접속. http://blog.naver.com/PostView.nhn?blogId=skytaste&logNo=220268105339&
   parentCategoryNo=&categoryNo=&viewDate=&isShowPopularPosts=false&from=p
   ostView.
   뱅갈선교를 꿈꾸며, "세대통합목회, 한국교회 미래 달려있다 - 예배가 핵심이다" (2015,
   2. 9) 2015, 4. 21 접속. http://blog.naver.com/PostView.nhn?blogId=skytaste&logNo=
   220268106258&parentCategoryNo=&categoryNo=&viewDate=&isShowPopularPo
   sts=false&from=postView.

2. 필자의 졸저, 『교회 문턱』(서울: 생명의양식, 2016) 131-7에서 주로 인용.

3. 물론 지역교회 안에는 세례교인(입교인)뿐만 아니라, 유아세례교인과 학습교인이
   있고, 아직 예수 그리스도를 믿지 않으나 믿고 교회에 들어오기를 원하는 원입교인도
   있다.

4. 이현웅, 『존 칼빈의 설교와 예배』(서울: 이레서원, 2009) 106. 교회의 사명은 예배와
   함께 교제, 교육, 전도와 선교, 봉사라고 하겠다.

5. 뉴스앤조이, "개신교 20년 새 교인·헌금·전도·만족도 모두 감소" 참고. http://
   www.newsnjoy.or.kr/news/articleView.html?idxno=215141, (2018. 1. 2), 2018, 1. 5
   접속.

6. 강용원 외, 『어린이 예배, 어떻게 할 것인가?』(서울: 생명의 양식, 2017).

7. 제임스 드 종, 황규일 역, 『개혁주의 예배』(서울: CLC,1997), 14 참고.

8. 이정현, 개혁주의 예배학 (경기도 시흥: 지민, 2011), 44-45 참고. 히브리서 11:4이
   설명하는 바와 같이 가인과 아벨의 제사에 대한 하나님의 평가 기준은 그들이 드린
   제물이기 보다는 그들의 믿음에 있었다. 이정현은 이와 함께 창 4:5-7에 근거하여
   가인의 악행 때문에 하나님이 그의 제사를 열납하지 않으셨다고 주장한다. 참고로
   당시에는 육식이 허용되지 않았으므로 농사를 짓는 가인이 경제적 사회적으로 우월한
   위치에 있었으리라 필자는 추측한다.

9. 대한성서공회, 홈페이지 성경읽기 상세검색 창세기~말라기 '안식일'로 검색한 결과.
   http://www.bskorea.or.kr/infobank/korSearch/korbibSearchlist.aspx?version=GAE&t

ype=and&keyword1=%uC548%uC2DD%uC77C&keyword2=&range=part&book1=
gen&book2=mal&fontString=12px&fontSize=1

10 "엿새 동안은 일할 것이요 일곱째 날은 쉴 안식일이니 성회의 날이라 너희는 아무 일도 하지 말라 이는 너희가 거주하는 각처에서 지킬 여호와의 안식일이니라"

11 "헛된 제물을 다시 가져오지 말라 분향은 내가 가증히 여기는 바요 월삭과 안식일과 대회로 모이는 것도 그러하니 성회와 아울러 악을 행하는 것을 내가 견디지 못하겠노라"

12 "여호와가 말하노라 매월 초하루와 매 안식일에 모든 혈육이 내 앞에 나아와 예배하리라"

13 "예수께서 그 자라나신 곳 나사렛에 이르사 안식일에 늘 하시던 대로 회당에 들어가사 성경을 읽으려고 서시매"

14 Wikipedia, '미냔 minyan' (מִנְיָן) 종교적 의식을 위한 최소 10명의 유대인 성인의 숫자. 2017. 11. 1 접속. https://en.wikipedia.org/wiki/Minyan

15 대한예수교장로회 고신총회, 『헌법』(서울: 대한예수교장로회 총회출판국, 2011), 227.

16 안재경, 예배, 『교회의 얼굴』(전남 여수: 그라티아, 2014), 31.

17 김상구, 『개혁주의 예배론』(서울: 대서, 2012), 72.

18 NewsWire, "남성 직장인, '가족과 저녁식사 주 1~2번도 힘들어'" (2014. 4. 14) 2015. 4. 21 접속. http://www.newswire.co.kr/newsRead.php?no=746248&ected=. 월우당, "가족과 함께 아침식사를-가정교육은 밥상에서 시작됩니다" (2015. 2. 6) 2015. 4. 21 접속. http://blog.daum.net/kysroa/8872913 "2013 국민건강통계에 따르면 가족과 함께 아침식사를 하는 비율은 전체의 절반도 안되는 46.1%에 불과하고 저녁식사는 3명 중 1명도 안 된다."

19 임경근, "식사 시간에 어떻게 가정예배를?" (2010. 6. 5) 2015. 4. 21 접속. http://cafe.daum.net/family-worship.

20 김세광, "한국교회 예배 유형의 다변화에 따른 대안적 모색: 중소형교회를 위한 세대 간 연합예배" 바른교회아카데미 연구위원 세미나, 「2008 한국교회 진단」, 12.

21 허순길, 『개혁교회의 목회와 생활』(개정3판), 174.

22 대한예수교장로회 고신총회, 『헌법』, 249.

23 허순길, 『개혁해 가는 교회』(개정3판) (서울: 총회출판국, 2011), 91-94.

24 문화랑, "주일학교 전통에서의 예배: 회고와 전망", 강용원 외, 『어린이 예배, 어떻게 할 것인가?』(서울: 생명의 양식, 2017), 77-8.

25 김세광, "한국교회 예배 유형의 다변화에 따른 대안적 모색: 중소형교회를 위한 세대간 연합예배", 「신학과 실천」 15 (2008), 17.

26 존 웨스터호프, III, 『교회의 신앙교육』(서울: 대한기독교교육협회, 1992), 54.

27 존 웨스터호프, III, 『교회의 신앙교육』, 103-5.

28 필립 G, 라이큰, "서론", 필립 G, 라이큰 외, 『개혁주의 예배학』(서울: 개혁주의신학사, 2012), 44.

29 대한예수교장로회 총회, 『헌법』(서울: 대한예수교장로회 총회출판국, 2011), 295.

30 제임스 드 종, 황규일 역, 『개혁주의 예배』(서울: CLC,1997), 79.

31 제임스 드 종, 황규일 역, 『개혁주의 예배』, 75 참고.

32 허순길, 『개혁교회의 목회와 생활』(개정3판), 175.

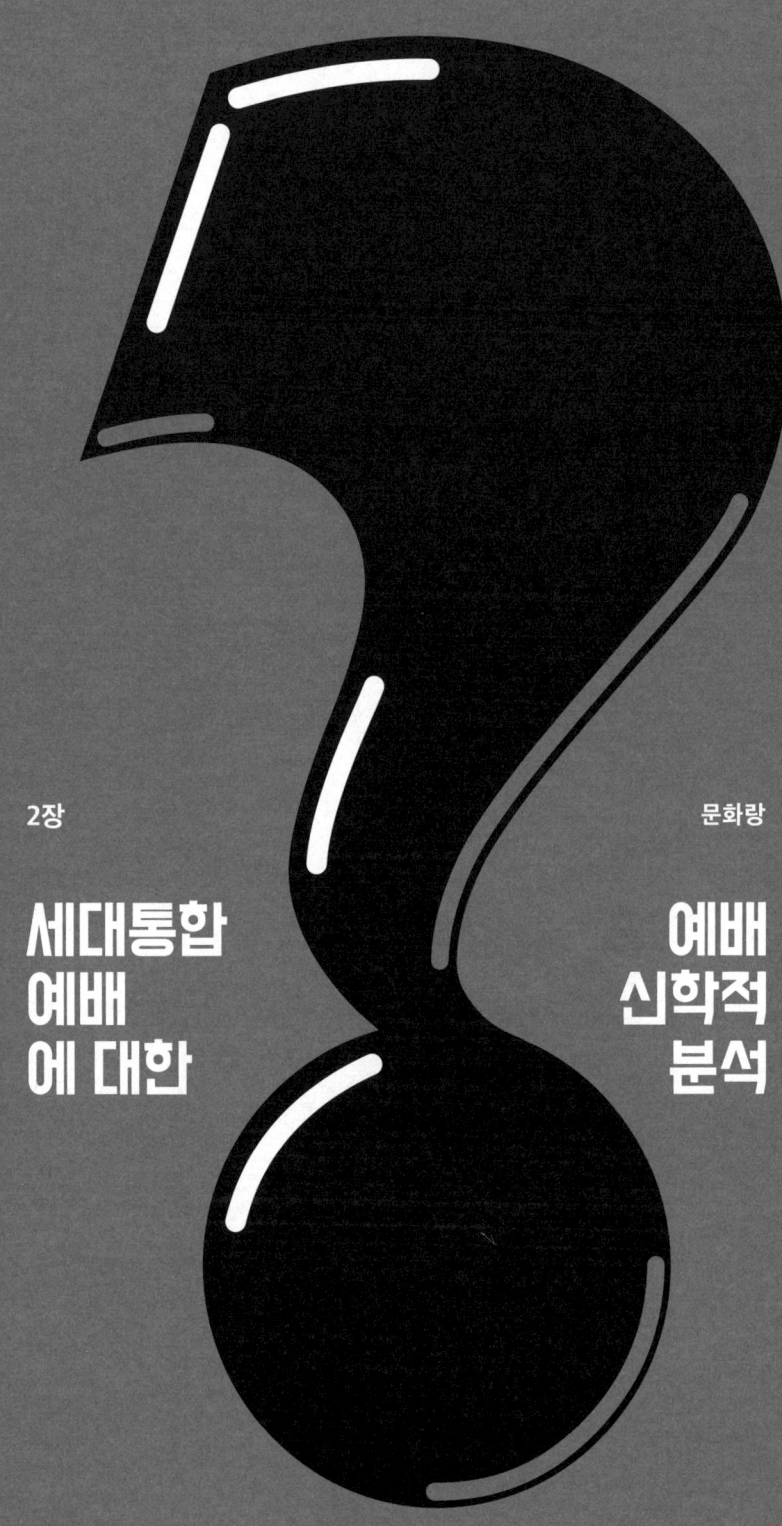

2장

세대통합
예배
에 대한

예배
신학적
분석

문화랑

세대통합 예배에 대한 예배 신학적 분석[1]

문화랑 교수
(고려신학대학원 예배학)

들어가는 글

왜 한 세대의 신앙이 다음 세대로 전수되지 않는가? 지금으로부터 40여 년 전 미국의 교육학자 존 웨스터호프(John Westerhoff)가 그의 책, "교회의 신앙 교육"을 통해 제기했던 질문이다. 웨스터호프는 쇠퇴하는 교회와 줄어드는 다음 세대의 모습을 보면서 위기의식을 가졌다. 그는 오랜 연구 끝에 지식전달 중심 교회 교육 패러다임의 단점을 보완할 수 있는 대안을 제시했다. 바로 삼 세대가 함께 하는 "세대통합 예배"의 시행이다. 그는 함께 예배드리는 경험

속에서 기독교 신앙이 성공적으로 전수될 수 있다고 주장했다.[2]

최근 한국 교회도 40년 전 웨스터호프가 걱정했던 상황을 경험하고 있다. 한국 교회는 전반적인 쇠퇴를 경험하고 있는 가운데, 특히 젊은이들과 주일학교 학생들의 감소는 심각한 상황이다. 통계에 따르면 주일학교가 없는 교회가 전체 교회의 절반 이상을 차지하고 있으며, 대형 교회의 주일학교도 어른의 숫자에 비해 아이들의 숫자가 턱없이 적은 실정이다. 또한 주일학교와 공예배의 심각한 분리는 세대 간의 예배와 문화의 격차를 심화시켜, 아이들과 젊은이들이 공예배에 쉽사리 적응하지 못하게 한다.[3] 이에 학계와 교계에서는 교회의 미래라고 여기는 다음 세대를 어떻게 교회에 정착시킬 것인가에 대한 심도 있는 논의를 진행하고 있다.

이 논의의 방향을 크게 세 가지로 분류할 수 있다. 첫 번째는 주일학교를 활성화시키자는 견해이다. 윌로우크릭교회(Willow Creek Community Church), 새들백교회(Saddleback Church)와 같이 주일학교가 잘 되는 교회가 결국 교회 전체적인 성장과 부흥을 경험할 수 있다는 주장이다. 주일학교 교육의 수준을 높이고, 교육적 경쟁력을 가지면 결국 이들의 부모세대인 장년들도 교회에 끌어들일 수 있다는 것이다.[4] 두 번째는 사회화(socialization)와 문화화(inculturation) 차원에서 세대통합 예배를 활성화시키자는 주장이다. 여러 세대가 함께 하는 예배의 경험을 통해 아이들과 젊은이들은 기독교 신앙과 기독교 전통에 더욱 친숙해진다. 결국 이것이 그들의 성장과 변화에 큰 역할을 하기 때문에 교회에 남을 확률이 높아진다는 주장이다.[5] 세 번째는 주일학교 시스템의 장점과 세대통합 예배가 줄 수 있는 유익을 접목하자는 주장이다. 주일학교와 세대통합 제도가 병존하면서 이들이 시너지 효과를 낼 수 있다는 입장이다.[6]

본 논고는 위의 세 가지 입장 중 최근 논의의 핵심에 위치하고 있다고 평가받는 세대통합 예배를 예배신학(liturgical theology)적 관점에서 연구하고자 한다. 사실 세대통합 예배의 신학적, 성경적 타당성에 대한 연구는 이미 많이 진행되었다.[7] 그렇기 때문에 본 연구에서는 세대통합 예배는 어떤 특징이 있으며, 예배신학적인 차원에서 어떤 장점과 단점을 가지고 있는가를 분석하는 것이 초점이다. 이를 위해 국내에서 세대통합 예배로 유명한 3개의 교회를 대상으로 사례연구(case study)를 했다. 대한예수교장로회 합신 소속 세대로교회, 고신 측의 당진동일교회, 통합 측의 금당동부교회이다. 이곳의 예배와 교육 시스템의 모습을 있는 그대로 살펴본 후, 예배신학적 차원에서 이들의 예배를 분석해 현 상황에 필요한 지혜를 얻고자 한다. 무엇보다 세대통합 예배를 추구하는 목적이 예배 공동체의 "능동적이고 적극적인 예배 참여"에 있으며 의례 신학(ritual studies)적 차원에서 예배가 예배의 참여자들에게 예전적 틀을 제공하고, 그 틀 속에 사람들을 위치시키면서 내면의 결단을 요청하기 때문에 세대통합 예배는 예배신학적 차원에서 신앙 형성적인 힘(formative power)을 가지고 있음을 설명하고자 한다.

사례 연구: 세대로교회

세대로교회는 대한예수교 장로회 합신 소속이다. 담임을 맡고 있는 양승헌 목사는 오래전부터 한국 교회 주일학교에 큰 영향력을 끼쳐온 인물이다. 파이디온 선교회를 설립하여 주일학교 교육의 새로운 모델을 제시했을 뿐 아니라 많은 저서들을 통하여 교역자들과 교사들에게 큰 도움을 주었다. 세대로교회는 한국 교회의 위기 타개는 다음세대를 바르게 세우는 데에 있다는 기치아래 2002년 10월 6일 설립되었다. 양승헌 목사와 세대로교회는 "목회와 교육의 통합, 교회와 가정의 통합, 세대간 예배의 통합, 말씀과 삶의 통합, 생애와 교육과정의 통합을 통해 모양이 반듯하고 색깔이 확실한 작은 예수를 키우는 교육교회 견본주택을 세우기 위해 노력하고 있다."[8]

세대로교회는 건물 없는 교회를 추구하며 배명중고등학교 강당을 빌려 사용한다. 예배장소로 들어가면 가족별로 착석해야 한다. 다음세대인 자녀들은 전체의 약 40%를 차지한다. 세대로교회의 주일예배는 2부로 구성되어 있는데, 1부는 성인예배이고, 2부는 세대통합 예배이다. 세대로교회가 비록 세대통합 예배로 유명하지만 그들이 세대통합 예배만 시행하지 않는 점을 주목해야 한다. 세대로교회는 연령별 발달 단계의 차이와 특징을 존중하고, 주일학교 시스템을 함께 활성화하고 있다. 주일학교는 크게 태아부(태아 및 부모), 영아부(출생-12개월), 유아부(13개월-4세), 유치부(5세-7세), 유년부(초등1-3학년), 초등부(초등4-6학년), 중등부, 고등부, 청년1부(고교 졸업 후-27세), 청년2부(28세-결혼 전) 으로 나눈다. 주일학교는 토요일에 모이는 토요학교와 주일 오전 모임으로 구분한다. 토요학교는 KFC(Kings Family Club)라는 이름으로 매주 오전 10시에 프로그램을 진행한다. 스토리방, 만들기방, 게임방, 암송방, 이야기 식탁방으로 구성한다. 주일 오전 9시 시작되는 비전스쿨(7-13세)에서는 교리 교육과 말씀을 접목한 큐티(매일성경 교재사용) 교육, 게임이 진행된다. 유치부 모임인 드림스쿨에서는 오감을 이용한 수업을 진행한다. 이후 오전 11시부터는 어린이들이 세대통합 예배에 참석하여 전세대가 함께 예배를 드린다.[9]

예배 구조, 순서, 내용

세대로교회의 세대통합 예배의 구조와 순서는 다음과 같다.[10] 먼저 다함께 사도신경으로 신앙을 고백한다. 이어 다함께 찬양과 경배의 시간을 가지는데 매주 차이는 있겠으나 주로 젊은이들과 장년층이 즐겨 부르는 복음성가 위주로 찬양이 구성된다. 다음으로는 대표기도 순서가 있다. 대표기도는 직분자들이 담당한다. 대표기도 후 헌금 봉헌 순서가 있는데, 가족들이 돌아가면서 담당하는 것이 이 교회의 특징이다. 즉 부모와 아이들이 헌금위원이 되어 봉헌을 돕고, 담임 목사는 헌금 기도 후 봉헌한 가족들을 위해 축복기도를 한다. 온 가족이 함께 봉헌에 참여하면서 아이들도 예배의 구경꾼이 아니라 능동적 참여자라는 무언의 메시지를 받을 수 있다.[11] 그 다음 찬양대의 찬양 이후에 다음세대 설교가 진행된다. 다음세대 설교는 아이들의 눈높이에 맞춘 설교이며 교육 부서를 담당하는 교역자들이 순번대로 설교한다. 이때 주목할 점은 아이들이 일제히 무대 위로 올라가는 점이다. 공예배 시간에 아이들을 단상에 올라가게 한다는 것이 시사 하는 바가 크다. 교회가 아이들의 신앙에 관심이 있으며, 다음세대가 교회의 핵심이라는 것을 가시적으로 나타내는 것 같았다. 이 때 담임 목사도 무대 위의 아이들 사이에 끼어서 설교를 듣는다.[12] 당일 담임 목사의 설교와 같은 본문, 주제로 말씀을 전한다. 다음세대 설교 시 반복되는 주제는 장년설교에도 동일하게 강조된다. 어린이들은 예배 때 말씀을 듣고 어른들을 위한 설교가 시작되기 전 본당을 떠나서 자신들의 모임장소에서 소그룹 모임을 이어간다.[13] 설교가 끝난 뒤 담임 목사가 축도를 하며, 그 후 가족 찬양을 부르며 전 교인들이 사명 선언의 시간을 가진다. 이후 교회 소식을 전하는 광고 순서가 뒤따라온다.

　　다음 세대에 대한 관심을 가지고 교육과 예배의 조화를 추구하는 모습이 굉장히 고무적이다. 장년예배와 세대통합 예배를 주일 1, 2부에 배치하여 가족이 있는 분들과 혹 가족이 없는 분들을 위한 예배를 마련했다는 것은 교회가 보다 많은 사람들을 품으려고 하는 의지가 있는 것으로 보인다. 보통 세대통합 예배를 강조하다 보면 주일학교에 대한 관심이 부족하거나, 아니면 주일학교가 필요 없다고 하는 극단적인 입장을 표명하는 교회들도 나타난다. 하지만 자녀들은 발달 단계에 따라 인지적, 정서적인 특징이 있음을 고려해야 한다. 이에 따라 교육 부서를 세분화하고 다양한 교육의 기회를 제공한다는 차원에서 세대로교회의 목회와 교육은 균형 잡혀 있다고 볼 수 있다.

예배 중 설교에 있어서 어린이들을 위한 메시지와 어른들을 위한 메시지가 통일되어 있다는 것은 장점이 많다. 이것은 윌로우크릭교회와 같은 미국의 유명한 교회 뿐 아니라, 최근 김병삼 목사가 시무하는 분당만나교회에서도 시행되고 있는데, 어른들과 아이들이 같은 본문에 근거한 설교를 들으므로 가정에 돌아가 함께 대화하며 아이들의 신앙 발달을 효율적으로 점검하며 돕는 것이 장점이다. 그러나 이를 위해선 목회자가 설교 본문과 내용을 최소 한 주 이전에 완성해야 하며, 주일학교 담당 교역자들이 아이들의 눈높이에 맞는 교육 기자재와 프로그램을 개발해야 한다는 부담감이 있다.

축도 후 사명선언과 교회소식이 오는 것은 적절한 의미를 가지고 있다. 조기연 교수는 예배를 하나님이 우리를 섬기시고, 우리가 그 은혜에 감격하여 하나님을 섬기는 것이라고 정의할 때, 교회소식은 사람이 사람에게 전달하는 것이기 때문에 예배의 순서 밖에 오는 것이 적합하다고 주장하기도 한다.[14] 여기에 대한 확고한 법칙이 있는 것은 아니지만, 이 교회에서는 사명선언과 교회소식을 축도 이후의 순서로 배열해 놓았음을 볼 수 있다.

어린이들이 예배 가운데 실제로 참여하는 순서는 사도신경, 찬양과 경배, 대표기도, 다음세대 설교에 국한된다. 이후 어른을 위한 설교와 성찬식, 축도와 같은 이후의 순서에는 자신들의 모임 장소에서 자체 프로그램을 진행한다. 세대통합의 진정한 유익을 얻기 위해 가끔씩은 예배의 전순서를 경험하고 참여할 필요가 있다. 예를 들면, 성찬식과, 세례식과 같은 성례의 순서는 보이는 말씀으로서 그 자체로 깊은 의미를 가지고 있다. 예배의 전반부를 매주 경험하는 것도 이것을 시행하지 않는 교회보다는 큰 유익을 얻을 수 있겠지만, 어떻게 하면 자녀들이 예배의 전체의 흐름과, 구조, 거기에 속한 의미를 경험하며 배우게 할 수 있을까를 고민하는 것이 이 교회의 남은 과제가 아닐까 한다.

사례 연구: 금당동부교회

금당동부교회는 대한예수교 장로회 통합 측에 속한 교회이다. 전라남도 순천에 위치한 이 교회는 2003년 개척된 이후 2010

년 새 예배당을 신축했으며 현재 주일 400여명이 모여서 예배하고 있다.[15] 이 교회는 "교회의 영광성을 회복하는 교회, 다음 세대를 준비하는 교회"라는 기치 아래 "가정 같은 교회, 교회 같은 가정"을 기본구도로 교육과 예배가 진행된다.[16] 금당동부교회는 온 가족이 함께 한 자리에서 예배드림을 원칙으로 하여 개척 첫 주일 예배부터 세대통합 예배를 시작하였다. 총 2부 예배로 구성되는데, 1부 예배는 9시에 시작하며 2부 예배는 11시에 시작한다. 세대통합 예배임에도 불구하고 2부 예배로 교회를 시작한 것은 "한번 예배, 한번 봉사"라는 원칙에 따라 예배자로서 은혜 받고, 봉사자로서 교회의 교육과 기타 사역에 동참하는 것이 필요하다고 생각했기 때문이다. 담임 목사의 이런 목회 철학은 교회 건축에도 나타나는데, 유아실을 예배당 뒤쪽이 아니라 강대상 좌측에 마련했다. 이것은 어린 유아들과 어린이들을 돌보는 엄마들의 능동적인 예배 참여를 돕기 위함이라고 밝히고 있다.[17]

개척 초기 3년간은 세대통합 예배의 성경적 근거와 필요성에 대해 담임 목사가 직접 교육하고 홍보하는 과정들을 거쳤다. 사실 예배의 변화, 교육 체계의 변화는 성도들이 가장 민감하게 반응하기 쉬운 부분이다. 토마스 롱이 현대 예배 상황을 "예배 전쟁"이라고 표현할 만큼, 오늘날 교회의 예배 문제는 아주 민감한 영역이기 때문이다.[18] 그래서 담임 목사인 장철근 목사는 오후 성경공부시간과 수요기도회, 주보 광고를 통하여 세대통합 예배에 대한 안내와 홍보를 하며 전 성도들의 인식을 고양시킴과 동시에 이에 반대할 수 있는 성도들을 설득해 나가기 시작했다. 어른 예배와 어린이 예배의 통합인 세대통합 예배는 교회 구성원들의 의견이 충돌할 수 있는 민감한 과제임에 분명하다. 특히 오후 예배에 한 번씩 이벤트성으로 드리는 것이 아니라, 교회의 시스템 자체를 세대통합 예배로 간다는 부분은 교회 전체 구성원들의 동의와 협력 없이는 불가능한 일이다. 이런 차원에서 장철근 목사의 세대통합 예배 정착 과정에 대한 노력은 앞으로 세대통합 예배를 시행하려고 하는 교회들과 목회자들에게 목양적 지혜(pastoral wisdom)을 제공한다.

예배의 요소와 구조, 순서

금당동부교회의 일반적인 예배 순서는 다음과 같다. 인사와 교제-경배의 찬송-참회의 기도-용서의 선언-교독문-감사찬송-대표기도-봉헌찬송-봉헌기도-교회소식-성경봉독-찬양대의 찬양-말씀선포-찬양-기도-강복 선언. 기성교회와 차별화된 예배 순서의 내용은 다음과 같다. 먼저 대표 기도의 경우, 기존 교회들의 경우 당회원들이 인도한다면 이 교회에서는 유치부, 아동부, 중등부, 고등부, 청년부, 서리집사, 안수집사, 권사 순으로 1년에 2회씩 순서를 맡는다. 봉헌의 경우 예배 시작 전 예배당 입구에 비치된 헌금함을 이용하고, 기도가 끝나면 봉헌위원이 봉헌송과 함께 강단으로 올라가 봉헌한 후 함께 기도에 참여한다. 찬양대의 경우 1-3째 주일은 성인 찬양대가 서고, 나머지 주일은 아동부, 중고등부 찬양대가 준비하되 전 학생들이 참여하는 것을 원칙으로 한다. 전 학생들이 주일 오전예배 찬양대에 참여함으로 세대통합의 모습을 가시적이고 상징적으로 보여 준다. 주일 오후에는 찬양과 간증 등의 순서가 들어가 있으며 가족 간의 위로와 축복, 권면들이 오고가도록 진행한다. 찬양팀에는 초등학생에서 성인까지 누구나 참여할 수 있다.

공예배 자체가 세대통합 예배로 드려지지만, 금당동부교회에도 주일학교는 존재한다. 매주 오전 10시에서 11시까지 유아부, 유치부, 아동부, 중고등부까지 모두 각자의 모임 장소에서 부서 교육이 진행된다. 주로 설교에 대한 이해 및 적용 등을 나누며 특별활동을 진행한다. 어린이들이 교회학교에 참여하는 동안 부모들은 식당이나 친교실에서 교제를 나누며, 대부분 성도들은 오후 성경공부까지 참여하고 집으로 돌아간다.

이 교회의 또 다른 특징 중 하나는 주일 낮 예배 시간의 자리배치인데, 가족별로 자리에 착석하되, 부부가 함께 앉고 아이들이 부모의 좌우에 앉거나, 아니면 3대가 함께 드리는 경우에는 손녀, 할머니, 할아버지, 며느리, 아들, 손자 순으로 앉게 한다.[19] 이럴 때 믿지 않는 가정에서 나오는 아이들은 어떻게 할까? 이 경우 반드시 교회학교의 교사들이 이들의 후견자가 되어 자신의 가족과 자신의 아이들 속에 포함시키도록 한다. 때때로 자녀들이 외지에 나가 있는 항존직분자들이 아이들을 맡아 함께하기도 한다.

　이 교회에 세대통합 예배가 정착될 수 있었던 이유는 단순히 세대통합 예배의 기획 자체가 완벽했다는 데 있는 것이 아니라, 다양한 양육 프로그램이 함께했기 때문이다. 예를 들면 가정생활 세미나, 부부 수련회, 좋은 부모 되기 세미나 등의 프로그램을 준비해 가정의 소중함과 하나 됨을 배우게 하였다. 또한 가정 예배를 강조함으로 주일에 함께 들었던 말씀에 대한 적용점을 찾고 서로 은혜 받은 점을 나누도록 했다. 그리고 교회 안에서도 어린이들의 경우 언니 오빠, 누나, 형들이 동생과 함께하는 시간을 마련해서 주님 안에서 형제 됨을 경험하도록 했다. 또한 아버지와 한 자녀, 어머니와 한 자녀 프로그램을 통해 하루 동안 자녀와 부모가 화해하고 용납하는 시간을 가진다. 이런 다양한 프로그램을 통해서 모든 성도들은 서로를 알아가며 한 몸 됨을 체험하도록 하였다. 무엇보다 담임 목사의 역할과 목회철학이 중요했다. 가정 단위로 사역을 하면서 모든 세대가 교류할 수 있도록 다양한 프로그램을 기획하고 지도했다. 뿐만 아니라 수요일 저녁 기도회에는 부교역자에게 성인 기도회를 맡기고 자신은 직접 다음 세대 아이들 60여명을 모아 고민들을 나누고 신앙의 기본 내용을 가르쳤다. 담임 목사는 성인들만 목회하는 것이 아니라 교회의 현존하는 미래인 어린이들을 직접 목양하므로 전세대를 담임하는 진정한 목회

를 꿈꾸어 나가는 것이다.[20]

사례 연구: 당진동일교회

당진동일교회는 대한예수교장로회 고신 측에 속해 있다. 교단뿐 아니라 전국적으로 세대통합 예배를 거론할 때 언급되는 대표적인 교회들 중 하나이다. 1996년 고려신학대학원 2학년에 재학 중이던 이수훈 목사는 교회가 없는 곳에 교회를 세우겠다고 다짐했다. 그리고 당진의 한 농가 마당에서 개척을 시작했고 지금은 당진의 이름난 교회가 되었다.

2009년 5월부터 교회학교 전체와 성도 전체가 참여하는 가족 예배를 시작하게 되었다. 아침 1부 예배를 통하여 세대통합 예배를 시행하게 되었고, 이후 출석률이 증가하게 되었다. 2015년에는 중고등부의 학년제를 폐지하고 교구제로 전환하여 연령대가 다양한 학생들이 교구를 형성하게 되었고, 이후 중고등부 출석률이 200퍼센트 증가하게 되었다.[21] 현재는 주일학교 학생(영아-중고등부)이 1700명, 전체 교세를 3000명 정도로 추산하고 있다.

동일교회의 특징은 바로 가족 중심의 교회(family church)이다. 지역별로 교사를 세워서 평일에도 어린이들과 자주 만나도록 하고, 주일 아침에는 교사들이 어린이들을 직접 챙겨서 데리고 오는 시스템을 구축하였다. 나이가 많은 어린이들이 동생들을 챙겨서 주일에 참석하게 했는데, 1996년 3명의 어린이로 시작한 주일학교가 2년 후에는 120명이나 되었다. 당진이라는 지역의 특성상 학년별로 분화된 주일학교 시스템보다는 권역별로 나누어진 시스템이 심방과 출석에 보다 효과적이었고, 이후 1부 예배는 어른들과 전 학생들이 함께 예배하는 세대통합 예배로 발전하게 되었다.

사실 동일교회의 독특한 반 구성은 교육학적인 이론으로도 지지될 수 있다. 비코츠키(Vygotsky)는 근접발달이론(Zone of Proximal Development)을 통해서 어린이들은 선생님들과 위 사람과의 교제와 교류를 통해서 자신의 능력보다 진보된 학습 능력을 가질 수 있다고 주장한다.[22] 동일교회의 시스템은 지역별로 반을 나누고 여러 연령대의 어린이들을 가족 개념으로 한 그룹 안으로 통합시킴으로써 나이가 많은 학생들은 어린 학생들을 돌보며, 학습을 도와주면서 자기의 지식을 보다 확장시킬 수 있고, 어린 아이들은 선생님과 선배들과의 협동 학습을 통해서 보다 빠른 이해와 학습능력의 발달을 경험할 수 있는 것이다.

당진동일교회의 "Family church"는 토요일 모임과 주일 모임으로 구성되어 있다. 토요일 모임에는 지난 주일 설교 내용을 나누며 서로의 삶을 나누는 시간을 가진다. 그리고 주일의 만남을 약속하고 헤어진다. 담임 목사의 설교가 화요일쯤에는 소그룹 모임의 교안으로 작성되어 홈페이지에 게시되는데, 이를 바탕으로 토요모임이 진행된다. 토요모임은 오전 시간에 가정을 오픈하는데, 멘토들의 가정이 순서를 정하여 장소를 제공하며, 때때로 도서관, 아파트 회관 같은 넓은 장소에서 진행되기도 한다. 주일에는 1부 예배에 참여하고, 이후 자체 소그룹 모임 시간에는 교역자와 교사, 그리고 학생 멘토 주도로 웨스트민스터 소교리문답을 공부한다.[23]

예배의 요소와 구조, 순서

주일 가족 예배는 9시에 시작된다. 3대가 드리는 가족 예배인데, 전세대, 전성도가 함께한다. 1300석 규모의 본당이 가득 찬다. 연령, 지역순으로 자리를 배치하고, 앞쪽 맨 가운데 자리는 학부모들과 성도들을 중심으로 앉도록 한다. 중고등부 학생들 가운데 자원하는 학생들은 1부 예배 안내로 봉사한다. 교구 출석을 체크하는 학생(13명), 헌금위원 (2명), 자리 안내(3명) 등 역할 맡는다. 이런 섬김을 통해 학생 자신들도 예배의 구경꾼이 아닌 동참자임을 느끼게 된다. 예배의 시작은 어린이 찬양팀의 찬양으로 시작된다. 찬양팀은 새벽예배에 반드시 참석하여야 한다. 예배의 순서와 요소는 타교회의 일반적인 주일 예배 순서와 유사하다. 찬양으로 예배를 시작한 후, 회중 기도가 이어진다. 때때로 특송 순서가 있으며, 찬양대의 찬양이 이어진다. 성경 봉독과 설교는 담임 목사가 한다. 어린이를 위한 설교가 따로 제공되지 않으며, 어린이의 수준을 고려한 설교를 전체 회중에게 선포한다. 이후 찬송을 하며 축도로 예배를 마친다. 특이한 점으로는 어린이 헌금위원이 있는데, 어린 시절부터 하나님께 정성껏 물질과 마음을 올려드리는 것을 목적으로 한다. 필자의 관심을 끈 것은 예배 후 유치부 어린이(7세)의 1분 스피치 시간이 있다는 것이다. 유치부 어린이가 많은 성도들 앞에서 1분간 미리 준비한 원고를 가지고 발표를 함으로 리더의 자질을 키우는 데 목적이 있다. 하나님 앞에서의 고백과 결단을 말하는 1분 스피치는 불신 가정에서 나오는 학생들이 하는 경우도 있는데, 이것 때문에 교회에 참석하게 된 불신 부모들도 꽤 있다고 한다. 어린이들이 예배에 적극적으로 참여할 수 있도록 신경 쓰는 것이 특징이다. 이후 새가족들을 환영하고 광고로 예배의 모든 순서를 마친다. 2부 예배는 세대통합 예배가 아니라 일반 성도들을 위한 예배로 진행되는데, 이것은 세대통합 예배의 상황이 불가한 성도들이 있음을 배려한 것으로 보인다.[24]

이후 10시부터 11시 20분까지는 교구별로 흩어져서 나눔의 시간을 가지는데 소교리문답을 배우며 서로 토론식으로 말씀을 나누게 된다. 이후에 학생들은 지역별로 교사, 팀장, 팀원들이 함께 모여 식사의 교제를 나눈다. 밥상을 함께하며, 자신들은 주님 안에서 한 가족이며 한 몸임을 체험하게 된다.

예배 신학적 분석

지금까지 한국 장로교회 내 세대통합 예배를 가장 성공적으로 정착시키고 시행하고 있다고 주목받는 당진동일교회, 금당동부교회, 세대로교회의 주일 예배의 모습과 교육 시스템을 살펴보았다.

이 교회들이 성공적으로 공예배를 세대통합 예배 형태로 정착시킨 데에는 여러 가지 이유가 있다. 그중 공통점은 이 교회들이 기존의 예배를 세대통합 예배로 변화시킨 것이 아니라, 교회 개척 초기부터 세대통합 예배에 가치를 두고 목회자가 성도들의 인식 변화를 추구했다는 점이다. 어린이들을 위한 주일학교와 어른들만 드리는 공예배로 분리된 기존 상황에서 세대통합 예배를 시도했다면, 토마스 롱이 언급했던 예배 전쟁을 심각하게 경험했을지 모른다. 그러나 이 교회들은 개척 초기부터 담임 목사가 세대통합 예배에 가치를 두는 목회 철학을 가지고 예배를 준비했다. 이들 교회의 담임 목사들은 지속적으로 성도들에게 교회는 그리스도 안에서 한 몸이며, 모든 세대가 함께 예배를 드리는 것이 옳을 뿐 아니라 전세대에게 유익함을 역설하였다. 성도들에게 세대통합의 성경적 근거와 필요성을 설교와 목회 서신을 통해 설득시키므로 예배 변화에 대한 충격을 최소화시켰다. 사실 예배의 변화가 성공하려면 같은 생각을 공유하는 사람들이 많아지는 저변의 확대가 반드시 이루어져야 한다. 그렇지 않다면 교회 안에서 예배와 신학의 비본질적인 문제로 갈등이 너무나도 손쉽게 일어나기 때문이다.²⁵ 이런 차원에서 이 교회들은 예배의 변화를 추구함에 있어서 변화의 속도 조절, 담임 목사의 리더십과 비전 제시, 성도들의 공감대 형성이 얼마나 중요한지를 여실히 보여 주었다.

세 교회의 주일 공예배를 자세히 분석해 보면, 예배의 순서 (ordo) 자체가 기성교회와 크게 다른 점이 없다는 것을 확인할 수 있다.²⁶ 예배로의 부름, 신앙 고백, 대표기도, 성경봉독과 설교, 찬양, 봉헌, 축도 등은 기성교회도 주일 공예배 순서 속에 가지고 있는 예배의 요소들이다. 그러나 세 교회의 예배 기저에 깔려 있는 예배학적 강조점은 바로 "능동적 참여"(active participation)이다. 제2차 바티칸 공의회의 공식 문서인 전례헌장(Sacrosanctum Concilium)에서 강조하는 것이 바로 예배에 대한 능동적 참여이다.²⁷ 로마 예전 (Roman rite)은 세계에 퍼져있는 여러 예전의 계보(liturgical family)들 중 가장 보수적인 예전 전통이라고 간주한다. 하지만 로마 가톨릭은 새로운 시대에 맞게 예전을 변화시키는 노력을 기울였다. 1960년대 이후 개신교에서도 어떻게 하면 성도들을 예배의 능동적인 참여자로 만들 수 있을까를 고민하게 되었고, 이것이 결국 20세기 말의 예전 운동(liturgical movement)을 촉발시키는 계기가 되었다. 이후 1990년대에는 북미의 많은 교단들이 자신들의 예배서를 개정하는 움직임을 보여 왔다. 특히 1970년대 이후 정신지체 장애인과 어린이들을 공예배와 성례(특히 성찬)의 자리로 포함시키려는 여러

가지 노력을 해 오고 있다.[28]

세대통합 예배를 추구하는 당진동일교회, 세대로교회, 금당동부교회 모두 전 회중의 능동적 예배 참여에 노력을 기울이고 있음을 우리는 사례 연구를 통해 알 수 있다. 능동적 참여라는 궁극적인 목적을 위하여 설교, 성경봉독, 봉헌, 찬양팀, 찬양대, 대표 기도와 같은 기존의 예배 순서에 대한 다양한 실천적 접근을 시도한다. 이 교회들은 위의 순서들에 어린이들을 포함시켜 어린이들이 예배의 구경꾼이나 방관자가 아니라 예배의 능동적 참여자이며 한 몸 됨을 이룬 교회의 지체임을 강조하고 있다.

그러나 세부적인 예배 실천(worship practice)의 모습에서는 교회별로 차이점을 가지고 있다. 예를 들면 당진동일교회와 금당동부교회는 어린이 설교를 따로 두지 않고 담임 목사가 전 회중을 아우를 수 있도록 설교의 내용과 전달의 수준을 조절하는 모습을 보인다. 그러나 세대로교회의 경우에는 매주 어린이 설교와 어른 설교의 본문과 강조점이 동일하지만, 어린이 설교를 어른 설교 바로 앞에 위치시키고 설교가 끝난 이후에는 자신들의 모임 장소에서 자체로 순서들을 진행시키는 차이점을 보이고 있다. 이와 같은 경우 어린이들을 예배 순서의 어느 부분까지 참여시킬 것인가에 대한 논의를 촉발시키게 된다. 이 부분에 대해 필자는 개교단과 교회의 상황에 따라 달라질 수 있는 부분이라고 본다. 아직까지 교파나 교회마다 세대통합의 상황에서 어린이들의 참여의 수준을 어디까지 허용할 것인가는 확정된 바가 없다.

만약 어린이들이 예배의 앞부분만 경험하고, 자신들의 설교만 듣고 해산할 경우 이것이 온전한 의미에서의 세대통합인가에 대한 질문이 야기될 수 있다.[29] 왜냐하면 설교 이후에도 성찬, 세례, 세례 갱신, 강복선언과 파송과 같은 다양한 예배의 요소들이 존재하며, 이것 또한 신자의 신앙 형성에 있어서 중요한 요소이기 때문이다.[30] 동시에 만약 어린이들이 예배의 전 부분에 참여하는 상황이라면 그 어린이들이 성찬에 참여할 수 없기 때문에 그들이 과연 능동적 참여를 하고 있다고 볼 수 있는가에 대한 질문도 야기될 수 있다. 통합 측의 경우 2017년 총회에서 세례를 받은 어린이들의 성찬 참여를 공식적으로 승인하였다. 그러므로 통합 측에 속한 교단들이 세대통합 예배를 드린다면 원칙적으로 어린이들은 어른들과 함께 예배의 전 요소들에 능동적으로 참여하며 경험할 수 있을 것이다. 하지만 국내 타 장로교단들의 경우는 이것이 논의의 대상이 아닐 뿐 아니라 아마 논의 자체가 부담스러울 것이다. 왜냐하면 존 칼빈(John Calvin)의 주장과 우르시누스(Ursinus)의 하이델베르크 교리문답 해설에서 어린이의 성찬 참여를 명백히 반대하고 있기 때문이다.[31]

비록 근래의 북미의 개혁교회와 한국의 장로교회에서 세대통합 예배에 대한 관심이 증가되고 있지만 이것이 시행되기가 쉽지 않은 이유 중 하나는 과연 공예배의 대표기도, 성경 봉독 등과 같은 예배 순서를 어린이들이 인도할 수 있는가에 대한 신학적 문제가 제기될 수 있기 때문이다. 불행히도 개혁주의 전통에 있어서 어린이들과 젊은이들이 예배 속에서 맡을 만한 예전적 일들이 많지가 않다. 로마 가톨릭과, 성공회, 루터란 전통에서는 어린이들이 예배의 입당 순서에서 복사(acolytes, 예배의 시중을 드는 사람을 말함), 십자가를 드는 직무 (crucifer), 횃불을 드는 역할(torch bearers), 성경을 드는 사람(book bearer) 등의 일로 예배순서를 섬길 기회가 많이 있었다. 나이가 좀 많고 검증된 청소년은 봉독자(readers) 혹은 성찬을 돕는 일(communion assistants)로 섬길 수 있었다.[32] 더 나아가 호칭기도 형태의 중보기도(litany-type intercessions)의 경우 청소년이 기도를 인도할 수도 있었다.[33] 그러나 한국의 장로교 교단들은 세대통합 예배에 대한 필요성과 타당성을 인정하지만 어린이와 청소년들이 예전의 주요한 부분을 인도하는 일에 호의적인 반응을 보이지는 않는 것 같다. 그에 따라 어린이들이 참여할 수 있는 여지가 있는 역할은 찬양대나 악기 연주에 그친다. 그렇다면 세대통합 예배를 주장하면서도 세대통합적 요소를 활용할 기회 자체가 봉쇄될 수 있는 어려움이 있고 실제적으로 어린이들이 어른들과 함께하는 예배 자체를 힘겨워할 수 있는 문제점이 제기될 수 있다. 예를 들면 연동교회의 주일학교 역사를 살펴보면 고등부 자체 예배를 없애고 강제적으로 세대통합 예배를 실시한 적이 있었는데 이때 학생숫자가 급감했다. 이후 세대통합 예배를 자체예배로 전환한 후 학생들의 숫자가 회복되었다는 기록이 있다.[34] 이것은 능동적 예배 참여가 전제되지 않은 강제적인 세대통합은 부작용을 야기할 수 있다는 것을 보여주는 실제적 사례라고 할 수 있다. 그러므로 세대통합 예배에서 예전적 리더십(liturgical leadership)과 예배 요소의 문제는 추후 보다 세밀하고 심도 깊은 신학적 논의가 필요하다고 본다.

세대통합 예배가 효율적으로 정착되기 위해서는 어른들의 인내심이 필요하다. 아이들은 예배에 참여(participation)하면서 하나님과 조우(encounter)한다. 하나님과의 만남과 교제를 통해서 그들은 기독교 신앙이 무엇인지 배우고 예배를 통한 신앙의 형성과 성장을 경험한다.[35] 그러므로 참여(participation)없이는 하나님과 교제할 기회를 얻을 수 없고, 예배자로서의 훈련을 받을 수 없다.[36] 한번의 예배가 사람의 변화를 보장할 수 없다. 사람의 변화는 성령님의 사역에 달린 것이다. 그러나 예배의 반복, 즉 다양한 예배 순서와 예전적 실천이 함께하는 예배를 통해 어린이는 배우며 성장한다.[37] 매주 반복되는 예배를 통해 어린이들은 보다 넓고 깊은 말씀과 신앙에 대한 이해를 가지게 되며, 그것들은 내면의 결단을 요청하게 된다.

그렇다면 예배에 참여한다는 것, 예전을 행하며 의례에 참여한다는 것이 어린이들의 신앙 발달에 어떻게 깊은 영향을 미칠 수 있다는 것인가? 나는 이것을 의례 신학적 차원에서 설명해 보고자 한다.

의례학자인 로이 라파포트(Roy Rappaport)는 의례(ritual)의 행함을 통해 사람은 자신과 자신이 속한 공동체의 시스템을 알 수 있다고 말한다. 그에 따르면 의례의 행함(ritual performance)을 통해 거기에 담긴 일종의 메시지가 사람에게 주어진다. 예전과 의례의 순서와 질서는 "공적인 질서"(public order)와 깊은 연관성이 있다.[38] 즉 그 의례와 예전에 참여하고 있다는 것은 그 의례의 순서와 질서에 담긴 공적 질서를 받아들인다는 것을 의미한다. 그러므로 예전적 행함(liturgical performance)은 관습적 이해(conventional understanding)를 산출하고, 거기에 참여한 사람은 그 의례에 내포된(encoded) 질서를 깨닫고 확증하게 된다.[39] 이러한 참여는 공적(public)인 것이다. 그러나 공적 참여 자체가 믿음을 보장하지는 않는다. 즉 예배와 의식에 참여하는 사람은 거기에 담긴 질서와 메시지를 받아들이는 것이지, 그것 자체가 믿음의 확증은 아니라는 것이다. 대신 참여자는 그 예배와 예식에 참여하면서 마음의 결단을 내릴 것을 요청받게 된다.[40] 예를 들면 십계명을 낭독하거나 노래하는 순서 자체가 죄를 예방하는 것은 아니다. 그러나 공적인 행동을 통해 참여자는 그것을 따르지 않았을 때의 결과를 알게 된다. 만약 참여자가 그 순서에 담긴 내용에 마음을 연다면 그것에 의해 영향을 받게 된다. 정리하자면 예배와 의례 자체가 사람을 마술적으로 변화시키는 것이 아니라, 예배에 참여하고 예전을 행하면서 사람은 그 마음속에 결단을 요청받는 것이다. 이 요청은 예배의 순서와 요소 속에 담긴 의미들을 접하면서 시작된다. 예배의 현장에 참여한다는 것은 예전 속에 담긴 질서 앞에 사람을 위치시키고, 그 시스템 속에서 사람은 이해의 성장을 경험하며 변화할 것인지 말 것인지에 대해 생각하게 된다.[41]

그렇다면 이런 의례 신학을 통해 세대통합 예배의 중요성을 어떻게 설명할 수 있을까? 어른들은 어린이들이 부족한 이해력을 가지고 있으며 논리력이 떨어지기 때문에 설교와 기독교 신앙의 깊은 부분을 이해하지 못할 것이라고 생각한다. 그러나 많은 기독교교육학자들은 어린 아이들이라 할지라도 어른들의 설교를 이해하며 예배에 대한 심오한 지식이 있다는 다양한 사례를 보여주고 있다.[42] 무엇보다 예배에 참여할 때 어린이들은 어른들의 예배드리는 모습을 통해 배우며, 그들에게 질문함으로 모르는 것을 깨우친다. 또 예배와 의례에 참여하는 것은 일종의 기독교 예전 질서 안으로 들어가서, 그 가운데 담긴 예전적 질서와 의미에 대한 결단을 요청받는 효과를 지닌다. 그러므로 세대통합 예배는 단순히 기독교 교육학적인 차원에서 뿐 아니라 예전신학과 의례신학적 차원에서도 큰 유익이 있음을 우리는 알 수 있다.

그러나 이런 유익은 어린이들에게만 있는 것이 아니다. 어린이들뿐만 아니라 어른들과 교회도 세대통합의 경험을 통해 유익을 얻는다. 먼저 세대통합 예배를 통해 하나님 앞에서 모든 세대가 중요함을 깨닫게 된다. 어린이들 또한 하나님의 형상으로 지음 받았으며 종교적 잠재력을 가지고 있음을 배우게 된다. 어린이들은 어른들의 예배드리는 모습을 통해 예배의 순서와 의미를 배우지만,

어른들은 어린이들의 순수한 마음을 배우고 젊은이들의 활기찬 신앙의 모습을 통해 도전과 자극을 받을 수 있다. 또한 예배 후 교제를 통해 이들의 질문을 받고, 설명하는 가운데 자신이 가진 기독교 신앙을 재점검하며 보다 확고한 지식을 가질 수 있다. 모든 세대들이 함께 교제하는 가운데 그들은 그리스도 안에서의 진정한 한 몸임을 깨닫게 되고, 하나님께서 우리에게 보여주신 환대와 진정한 우정을 깨닫게 된다.[43]

나가는 글

지금까지 최근 한국 교회 내 많은 관심을 받고 있는 세대통합 예배를 당진동일교회, 세대로교회, 금당동부교회의 사례 연구를 통해 살펴보았다. 위의 교회들은 담임 목회자가 세대통합 예배의 필요성과 중요성에 대한 확고한 목회철학을 가지고 성도들의 인식과 저변을 확대시키는 목양적 지혜를 발휘하면서 교회의 역량을 모은 것이 세대통합 예배의 성공적 정착의 비결이 되었다. 그러나 이 교회들은 세대통합 예배로 전세대가 함께 예배드리면서 얻을 수 있는 유익을 추구하였지만, 동시에 주일학교 학생들의 발달단계상의 특성을 무시하지 않았다는 것에 주목할 필요가 있다. 단순히 세대통합만, 아니면 주일학교만 강조하는 것이 아니라 공예배의 참여와 비슷한 연령의 모임 속에서 배울 수 있는 지식을 함께 추구했다는 것이 이 교회들의 특징이다.

예배신학적 관점에서 분석할 때 세대통합 예배의 주요 관건은 어떻게 하면 전세대의 성도들의 능동적 참여를 도울 것인가의 문제와 밀접한 관련이 있음을 주목해야 한다. 모든 성도들이 예배의 방관자나 구경꾼이 아니라 적극적이고 능동적으로 참여할 수 있도록 돕는 것에 대한 고민이 세대통합 예배 시행의 기저에 깔려있음을 발견할 수 있다. 그러므로 어린이들이 예배 순서에 어디까지 참여해야 할 것인가 혹은 예배 순서의 어느 부분까지 맡을 수 있는가에 대한 예전적 리더십의 문제가 추후 교단별로 연구되어야 할 과제가 아닐까 한다.

세대통합 예배는 예전학적으로 분석할 때 예배라는 전체의 예전 질서 안에 참여자를 위치시키는 것으로 이해될 수 있다. 의례학자 로이 라파포트(Roy Rappaport)가 설명하였듯이, 예배 참여자는 예배라는 공적 질서(public order) 안에 자신을 위치시키게 된다. 그리고 예배의 구조와 거기에 담긴 의미는 예배자의 마음속에 단순히 지식을 줄 뿐 아니라 결단을 요구하게 된다. 그러므로 어린이들의 예배 참여 자체가 중요하다. 참여를 통해서 아이들은 기독교 신앙과 예배의 의미를 배운다. 그리고 하나님과 만나며 진정한 교제를 누리게 된다. 이런 차원에서 전세대가 참여하는 세대통합 예배는 신앙 형성에 있어서 형성적 힘(formative power)을 가지게 된다.

이런 유익과 장점이 있는 세대통합 예배가 앞으로 한국 교회에 더욱 큰 영향을 주기 위해서 앞으로 주일학교와 세대통합 예배가 어떻게 병존하며 상호 유익을 줄 수 있을까에 대한 연구가 있어야 할 것이다. 그리고 목회자는 어린이들도 이해할 수 있는 설교의 작성과 전달력을 갖추며, 예배의 다양한 순서에 어린이들을 참여시킬 수 있는 목양적 지혜를 발휘해야 할 것이다.

참고문헌

강영만. "주일학교 교육의 균형에 대한 연구: 성인교육을 중심으로". 한국복음주의실천신학회. 「복음주의 실천신학 논총」7 (2004): 281-98.

김상구. "회중의 적극적인 참여와 책임 있는 예배를 위한 모색". 한국복음주의실천신학회. 「복음과 실천신학」10 (2005): 219-44.

김순환. "한국 교회 현대예배의 진로 모색을 위한 탐구와 제언". 한국복음주의실천신학회. 「복음과 실천신학」 38 (2016): 38-67.

_____. "미래교회의 주역, 영유아 및 아동 층 예배를 위한 소고". 한국복음주의실천신학회. 「복음과 실천신학」34 (2015): 51-74.

당진동일교회. 『Family Church 따라하기』 충남: 동일교회교육국, 2015.

문화랑. "주일학교 전통에서의 예배-회고와 전망". 「장신논단」 Vol. 49 No.2 (2017.6): 323-47.

민장배. "어린이 예배의 문제점과 대처방안". 한국복음주의실천신학회. 「복음과 실천신학」25 (2012): 160-85.

연동교회. 『연동 주일학교 100년사(1907-2007)』. 서울: 연동교회, 2008.

장철근. "금당동부교회 교육목회". 『2017년 교회교육 설계를 위한 교회교육정책 자료집』 서울: 장로회신학대학교기독교교육연구원, 2017.

조기연. 『묻고답하는 예배학 Cafe』. 서울: 대한기독교서회, 2009.

함영주. "한국 교회학교 침체 원인과 다음세대를 위한 교회교육의 방향성". 「교육을 통한 한국 교회의 회복」 서울: 한국복음주의신학회, 2015.

Allen, Holly Catterton and Christine Lawton Ross, *Intergenerational Christian Formation: Bringing the Whole Church Together in Ministry, Community and Worship*. Downers Grove, IL: IVP Academic, 2010.

Castleman, Robbie. *Parenting in the Pew: Guiding your Children into the Joy of Worship*. Downers Grove, Inter Varsity Press, 2013.

Clifton-Soderstrom, Michelle A. and David D. Bjorlin, *Incorporating Children in Worship: Mark of the Kingdom*. Eugene: Cascade Books, 2014.

Erickson, Craig Douglas. *Participating in Worship: History, Theory, and Practice*. Louisville: John Knox Press, 1989.

Flannery, Austin. *Vatican Council II: The Conciliar and Post Conciliar Documents.* Collegeville: Liturgical Press, 1975.

Kavanagh, Aidan. "Teaching through the Liturgy". *Notre Dame Journal of Education* 5 (1974): 35-47.

_____. *On Liturgical Theology. Collegeville*: Liturgical Press, 1984.

Lathrop, Gordon W. *Holy Things: A Liturgical Theology. Minneapolis*: Fortress Press, 1998.

Long, Thomas. *Beyond the Worship Wars: Building Vital and Faithful Worship.* Lanham, MD: Rowman & Littlefield, 2001.

Moon, Hwarang. *Engraved upon the Heart.* Eugene, OR: Wipf & Stock Publisher, 2015.

Rappaport, Roy A. *Ritual and Religion in the Making of Humanity.* Cambridge: Cambridge University Press, 1999.

Smith, Kathleen S. *Stilling the Storm: Worship and Congregational Leadership in Difficult Times.* Herndon, VA: Alban Institute, 2006.

Ursinus, Zacharias. *The Commentary of Dr. Zacharius Ursinus on the Heidelberg Catechism.* trans. G. W. Willard. Grand Rapids: Eerdmans, 1954.

Vanderwell, Howard. ed., *The Church of All Ages. Herndon*, VA: The Alban Institute, 2008.

Westerhoff, John H. *Will Our Children Have Faith?* New York: Morehouse Publishing, 2000.

Wilhoit, James C. & John M. Dettoni, *Nurture That is Christian: Developmental Perspectives on Christian Education.* Wheaton: Victor Books, 1995

미주

1 본 논문은 한국 복음주의실천신학회에서 발간하는 "복음과 실천신학" 2018년 봄호에 게재된 것을 수정보완 하였다.

2 John H. Westerhoff, *Will Our Children Have Faith?* (New York: Morehouse Publishing, 2000), 51-57.

3 함영주, "한국 교회학교 침체 원인과 다음세대를 위한 교회교육의 방향성", 「교육을 통한 한국 교회의 회복」 (서울: 한국복음주의신학회, 2015): 27-83.

4 Holly Catterton Allen and Christine Lawton Ross, *Intergenerational Christian Formation: Bringing the Whole Church Together in Ministry, Community and Worship* (Downers Grove, IL: IVP Academic, 2010), 40-42.

5 Michelle A. Clifton-Soderstrom and David D. Bjorlin, *Incorporating Children in Worship: Mark of the Kingdom* (Eugene, OR: Cascade Books, 2014).

6 문화랑, "주일학교 전통에서의 예배-회고와 전망", 「장신논단」 Vol. 49 No.2 (2017. 6): 323-47.

7 세대통합 연구에 대한 신학적, 성경적 타당성에 대한 연구는 다음의 책을 보면 도움이 된다. Howard Vanderwell ed., *The Church of All Ages* (Herndon, VA: The Alban Institute, 2008).

8 http://www.sedaero.org/index.php (accessed Sep 22, 2017).

9 세대로교회는 "오렌지 원리"를 강조하는데, 오렌지 원리란 가정에서의 부모의 사랑이라는 빨간색 에너지와 교회에서의 진리라는 노란색 에너지를 통합한 오렌지색 에너지를 창출함으로써 다음 세대를 믿음으로 세우기 위해 온 가족이 함께 드리는 온 가족 예배를 말한다.

10 세대로교회의 홈페이지에는 매주 주보가 업로드 된다. 주보를 통해 예배의 흐름과 진행을 파악할 수 있다. 다음의 사이트를 보라. http://www.sedaero.org/board/bbs/index.php?group_code=bbs&category_id=46&p_cate_id=44&m_id=56 (accessed Sep 22, 2017).

11 예배 중 헌금을 수전지는 않는다. 예배당 입구에 놓여 있는 헌금함을 이용하여 예배 전이나 후에 성도들이 헌금을 한다.

12 교회를 소개한 동영상 속에는 예배 전체의 흐름과 세부적인 요소들을 확인할 수 있다. https://www.youtube.com/watch?v=O0vCsBQLtgY&feature=youtu.be (accessed Sep 23, 2017).

13 또래와의 소그룹 모임에서는 반별로 교사의 지도 아래 당일 설교 내용을 나누며 질문하는 시간을 가진다.

14 조기연, 『묻고 답하는 예배학 Cafe』 (서울: 대한기독교서회, 2009), 104.

15 http://www.kddb.net/index.html (accessed Feb 23, 2017).

16 장철근, "금당동부교회 교육목회" 『2017년 교회교육 설계를 위한 교회교육정책 자료집』 (서울: 장로회신학대학교기독교교육연구원, 2017), 46.

17 장철근, "금당동부교회 교육목회", 46.

18 Thomas Long, *Beyond the Worship Wars: Building Vital and Faithful Worship* (Lanham, MD: Rowman & Littlefield, 2001).

19 장철근, "금당동부교회 교육목회," 50.

20 세대통합에 대한 장철근 목사의 목회 철학은 다음의 동영상에 잘 나타나 있다. https://www.youtube.com/watch?v=1kW8OmrJlR0 (accessed Feb 23, 2017).

21 당진동일교회, 『Family Church 따라하기』 (충남: 동일교회교육국, 2015), 2-5.

22 James C. Wilhoit & John M. Dettoni, *Nurture That is Christian: Developmental Perspectives on Christian Education* (Wheaton: Victor Books, 1995), 129-136.

23 초등학생, 중학생 70명 정도를 선발하며 8주 과정의 멘토교육을 통해 교육한 후 반의 아이들을 돕도록 하고 있다. 교육 커리큘럼은 "사회성," "인간관계," "팀웍," "구원," "찬양인도법," "바른 언어 생활," "경청" 등과 같은 프로그램으로 되어 있다. 그리고 멘토와 리더의 역할, 경건 생활에 대한 추가 교육이 실시된다.

24 당진동일교회, 『Family Church 따라하기』, 8.

25 예배 변화에 대한 저변의 확대와 교회 안의 세대 간의 견해차로 인한 예배 전쟁에 대한 생생한 이야기는 다음의 책을 참고하라. Kathleen S. Smith, *Stilling the Storm: Worship and Congregational Leadership in Difficult Times* (Herndon, VA: Alban Institute, 2006).

26 예배의 요소, 순서, 구조에 대한 더 깊은 논의는 다음을 참조하라. 김순환, "한국교회 현대예배의 진로 모색을 위한 탐구와 제언", 한국복음주의실천신학회, 「복음과 실천신학」 38 (2016): 49-51.

27 "Constitution on the Sacred Liturgy of the Roman Catholic Church" in Austin P. Flannery, *Vatican Council II: The Conciliar and Post Conciliar Documents* (Collegeville: Liturgical Press, 1975), 16-17.

28 여기에 대해서 다음의 책을 참조하라. Hwarang Moon, *Engraved upon the Heart* (Eugene, OR: Wipf & Stock Publisher, 2015), 108-120.

29 Michelle A. Clifton-Soderstrom and David D. Bjorlin, *Incorporating Children in*

Worship: Mark of the Kingdom (Eugene: Cascade Books, 2014), 45-49.

30 Lathrop은 말씀과 성찬을 중심으로 이 모든 요소들이 병치되어 신자의 신앙 형성에 큰 영향을 미친다고 주장한다. Gordon W. Lathrop, *Holy Things: A Liturgical Theology* (Minneapolis: Fortress Press, 1998), 51-52.

31 Calvin은 기독교 강요에서 다음과 같이 말한다. "성찬은 이미 유아의 시기를 지나 있어서 딱딱한 음식을 취할 수 있는 성인들에게 베풀어지는 것이다." Institutes, IV. xvi. 30. 또한 고린도전서 11장 28-29을 언급하면서, "그리스도의 거룩한 몸을 올바로 분별할 줄 아는 자들만이 성례에 합당하게 참여할 수 있는 것이라면, 우리의 어린 유아들에게 생명을 주는 양식이 아니라 독이 되는 것을 줄 이유가 어디 있는가?"라고 주장해다. 우르시누스도 비슷한 맥락에서 "유아들은 성찬으로 나아갈 수 없다, 왜냐하면 그들은 실지 믿음을 소유하지 못하기 때문이다"라고 주장하며 유아성찬을 반대했다. Zacharias Ursinus, *The Commentary of Dr. Zacharius Ursinus on the Heidelberg Catechism*, trans. G. W. Willard (Grand Rapids: Eerdmans, 1954), 425.

32 Craig Douglas Erickson, *Participating in Worship: History, Theory, and Practice* (Louisville: John Knox Press, 1989), 132-39.

33 호칭기도형태란, 인도자와 회중이 주고받는 형태의 기도를 의미한다.

34 연동교회, 『연동 주일학교 100년사(1907-2007)』 (서울: 연동교회, 2008), 295.

35 Hwarang Moon, *Engraved upon the Heart*, 41-44.

36 예전학자 Aidan Kavanagh는 예배가 훈련의 차원을 가지고 있음을 다음과 같이 설명한다. "기도는 가르쳐질 수 없다. 그것은 기도를 많이 하고 잘하는 사람과 함께 예배하면서 배울 수 있는 것이다." Aidan Kavanagh, "Teaching through the Liturgy," *Notre Dame Journal of Education* 5 (1974): 45.

37 Aidan Kavanagh, *On Liturgical Theology* (Collegeville: Liturgical Press, 1984), 73-74.

38 Roy A. Rappaport, *Ritual and Religion in the Making of Humanity* (Cambridge: Cambridge University Press, 1999), 37-39.

39 Rappaport, *Ritual and Religion in the Making of Humanity*, 142-43.

40 Rappaport, *Ritual and Religion in the Making of Humanity*, 209.

41 Rappaport, *Ritual and Religion in the Making of Humanity*, 278-79.

42 Robbie Castleman, *Parenting in the Pew: Guiding your Children into the Joy of Worship* (Downers Grove: Inter Varsity Press, 2013), 103-9.

43 Hwarang Moon, *Engraved upon the Heart*, 194-207.

3장

세대통합
예배의
실제와 고민

당진동일교회
사례를 중심으로

이수훈

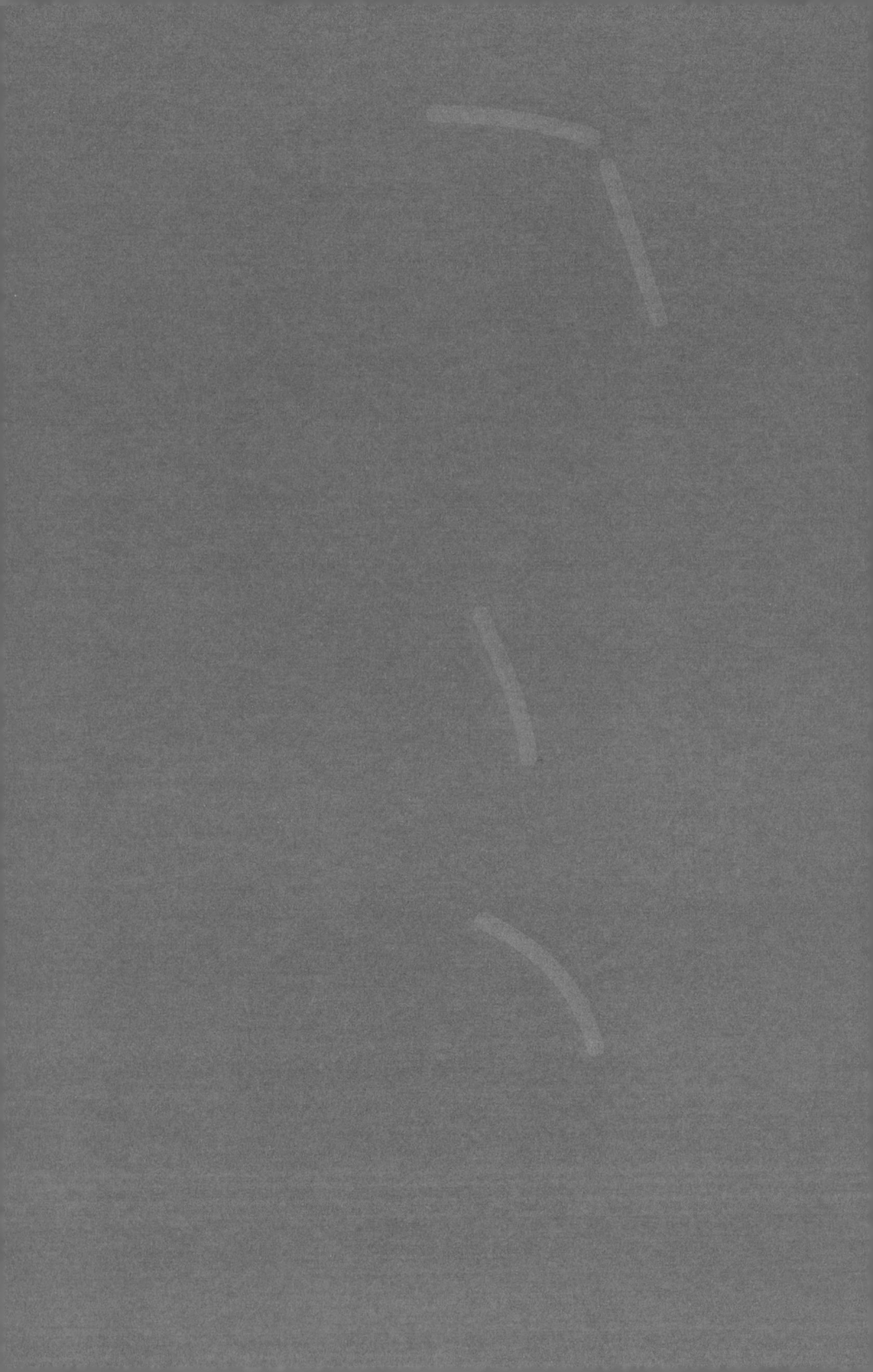

세대통합 예배의 실제와 고민
당진동일교회 사례를 중심으로

이수훈 목사
(당진동일교회)

왜 세대통합 예배를 해야 하는가?

신앙교육은 한마디로 전적으로 부모의 책임이기 때문이다. 쉐마라고 알려진 신명기 6:7은 이렇게 명령하고 있다.

네 자녀에게 부지런히 가르치며 집에 앉았을 때에든지 길을 갈 때에든지 누워 있을 때에든지 일어날 때에든지 이 말씀을 강론할 것이며

성경은 신앙교육의 책임이 부모에게 있다고 분명히 밝히고 있

다. 동서양을 막론하고 지난 150년 전 까지만 해도 교육은 가정에서 이루어졌다. 부유한 사람들은 가정교사를 따로 두고 어린이들을 가르쳤지만 그래도 교육의 핵심은 가정 중심의 교육이었다. 평범한 사람들은 부모들이 직접 자녀들을 가르쳤다. 신앙교육도 마찬가지였다. 모든 가족들은 함께 교회에 가고 식사 시간에 함께 기도하고 예배하고 신앙에 대해 이야기하는 것이 믿는 가정들의 일반적인 모습이었다. 주일도 마찬가지여서 별도의 교회학교 없이 한 교회, 한 장소, 한 말씀, 한 목사님의 인도로 예배하는 것이 유일한 예배 방법이었고 당연한 예배와 교육의 시스템이었다.

최초의 세대 분리형 주일학교는 1831년 영국의 기자였던 로버트 레이크스가 만들었다고 전해진다. 레이크가 살던 18세기 영국의 빈곤층 어린이들은 공장이나 탄광에서 하루 16시간씩의 아동 노동을 강요당했으며, 일요일에는 갈 곳이 없어서 거리를 몰려다니며 싸움하거나 욕지거리를 하였다. 이를 본 레이크스는 실력이 뛰어난 교사를 고용하여 교회에서 성경 읽기, 기독교 교리 쓰기 등의 기초 교육을 시킨 것이 교회교육의 시작이다. 그러므로 최초의 교회교육은 사회복지적 관점에서 시작한 보호적 교육이었다.

19세기 이후 산업혁명과 1·2차 세계대전을 치르고 난 유럽 사회를 중심으로 농업에서 제조업으로 경제 체제가 바뀌고 도시화로 많은 인력이 필요했음에도 불구하고 수많은 전쟁으로 남성의 부재를 대체할 여성 노동인력의 폭발적 필요로 인해 자녀를 직접 가르칠 수 없는 환경이 되었다. 이에 국가가 앞장서서 보편적인 교육을 실시하는 학교 시스템을 만들기 시작했다. 공립교육 역시 이렇듯 이상적인 교육철학과 환경이 아닌 사회복지의 공적 부조의 개념으로 시작된 것이다.

20세기 미국의 산업화와 도시화를 통한 부흥시대를 통해 수많은 사람들이 교회로 몰려오고 많은 사람들을 수용할 수 있는 대형교회들이 생겨나면서 장년예배와 아동예배를 분리하는 시스템들이 등장했다. 부모들은 어른 예배를 드리게 하고 어린이들만 분리해서 신앙교육을 시켜 주는 아주 좋고 편리하고 실용적인(?) 서비스를 제공하기 시작한 것이다. 이것이 지금의 주일학교(선데이스쿨)이다.

이 시스템이 한국교회 초기 기독교 선교사들로부터 한국에 전수되고 한국도 미국식 주일학교와 어린이들을 분리하는 교육을 교회학교의 모델로 삼아왔다. 물론 한국의 주일학교는 한국 초기 선교에 중대한 역할을 했다는 것은 부정할 수 없는 사실이다.

그런데 심각한 문제는 한국 사회도 산업화, 도시화를 거쳐 핵가족화로 가족구조의 변화를 거치면서 모든 교육을 학교에만 전적으로 의존하게 되었다. 가족의 이름으로 했던 가정교육의 모든 것들이 학교 교육으로 대체되어 더 이상 교육에 부모들의 기여가 사라지게 되었다.

교회도 마찬가지여서 학교교육처럼 교회학교에 자녀들을 맡기고서 모든 신앙의 책임을 다 했다고 생각한다. 이로 인해 우리는 더 이상 부모들의 신앙이 자녀들에게 전수되지 못하는 교회교육의 한계점을 보고 있다.

공교육에 폐해가 있듯이 이렇게 태생적으로 한계점을 지닌 주일학교 교육도 한계와 문제가 있다. 상식적으로 생각해도 자녀들이 학교와 학원에서 지내는 시간은 일주일에 80시간 내외이다. 그런데 교회에서 보내는 시간은 많아야 일주일에 1시간 반이고, 토요일에는 늦게 자느라 교회 와서 잠을 보충하는 풍경들은 우리들의 일상처럼 눈앞에 펼쳐진다.

더 심각한 것은 중고등부 시절 부모와 신앙에 관한 얘기를 나눌 수 있는 환경은 전무하다. 사실 신앙에 관한 대화는 물론이거니와 일상적인 대화를 하는 시간조차 거의 없다. 자료에 따라 다르지만 부모와 자녀의 대화 시간이 하루에 평균 7분 내외라는 신문기사를 본적이 있다. 이런 환경에서 무슨 교육이 되고 무슨 가족 간의 소통이 되겠는가?

유대인들은 어떤가? 유대인들에게는 어린이들을 위한 교회학교가 없다. 철저하게 가정에서 신앙교육의 전수가 진행된다. 유대인들은 지난 2000년간 나라 없이 전세계에 흩어져 살았음에도 불구하고 율법과 안식일 제도를 중심으로 아버지가 아들을 어머니가 딸들을 가정에서 철저하게 가르쳤다. 이 가정교육 덕분에 2000년만에 나라를 다시 세웠어도 전혀 이질감 없이 하나의 민족 하나의 국가가 되었다.

유대인들에게 신앙교육의 책임은 성년식(한국 나이로 12-13살) 이전에는 부모에게, 성년식 이후에는 자신에게 있다고 생각한다. 그래서 지금도 철저하게 부모를 중심으로 율법을 계승하고 있으며, 안식일에 그들의 율법처럼 아무것도 하지 않고 가정에서 오직 하나님의 말씀에 대한 생각을 나누고 있다. 이것이 그들이 하고 있는 유일하고도 완전한 신앙교육이다.

우리의 경우는 어떤가? 만 12세 이후(중학생) 교회를 떠나는 학생들의 증언을 들어보면 상상을 초월한다. 부모에게서 특히 엄마에게서 신앙의 모습을 발견할 수 없다는 것이다.

> 공부와 돈 밖에 모르는 엄마가 교회에서 천사의 모습을 하고 있는 꼴을 보고서 이 세상에는 하나님이 없음을 확신했다.

그래서 유치부에서부터 청년 대학부까지 자녀들의 정착률을 조사하면 자료마다 조금씩 차이가 있지만 5% 정도의 주일학교 학생만이 남는다는 통계가 있다. 100명 중 5명만 한국 교회에 남아서 가정을 이루고 신앙생활을 한다고 생각할 때 어두운 한국교회의 미래와 더불어 한국교회의 주일학교 교육은 잘못됐다고 확신하게 된다.

이런 한국교회 상황을 볼 때, 악한 사탄 마귀는 우리 자녀들을 하나님과 단절시키기 위해 정말 방향을 잘 잡았다고 생각할 수밖에 없다.

한국교회는 신앙교육을 부모가 아닌 교역자와 교사에게 떠맡긴다. 그리고 자기들끼리 고상한(?) 예배를 한다. 그렇게 세대를 분리하고 가정을 분리하고 어른과 자녀들이 따로 예배하고 따로 생각하고 따로 노는 방법을 통해 신앙의 전통이 더 이상 계승되지 않도록 단절시켜 놓았다. 교회학교에 아무리 실력과 믿음이 뛰어난 교사가 있다고 해도, 시스템을 아무리 잘 갖추었다고 하더라도 그 아이를 진정으로 사랑하는 것은, 그 아이를 위해서 희생하고 죽을 준비가 되어 있는 사람은 부모밖에 없다. 그럼에도 불구하고 한국교회는 학교의 시스템을 그대로 답습하여 각 학년을 쪼개고 쪼개서 따로 따로 가르치는 세대단절예배를 하도록 만들었다.

부모와 자녀간의 단절도 문제이지만, 또래집단을 넘어선 형과 동생, 누나와 오빠들과의 단절도 문제이다. 핵가족화로 하나의 자녀밖에 없는 상황에서 다양한 세대가 함께 나누지 못하고 돌보는 대상들이 한정되어 있는 것은 치명적인 상황이다. 학교에서도 교회에서도 돌봄과 나눔 그리고 희생과 본이 될 만한 모델이 없다. 그럼에도 더 나누면 나눌수록 분리하면 분리할수록 훌륭한 교육체계라고 선전하는 것이 우리 교회교육의 현실이다. 지금의 한국교회의 현실이 그렇다.

부모들은 아직도 주일학교에 출석만 하면 어린이들의 신앙이 확보된다고 생각한다. 그래서 주일학교에서 무엇을 가르치고 배우는지, 어떤 친구들과 어떤 생각을 하고 사는지 도무지 알지 못한다. 심지어 우리 아이에게 구원의 확신이 있는지, 하나님이 살아계시다는 생각이 있는지조차 알지 못한다. 그저 교회만 잘 갔다 오고, "고3이면 좀 쉬지, 무슨 수련회냐"며 아이들을 세상 학업으로 내몬다. 성공, 한마디로 말하면 돈이다. 세상의 목적과 같은 목적을 추구한다. 그리스도인이라면서 성공이라는 우상에 눈이 멀어 아이들을 돈이 전부인 세상으로 몰아내고 있다.

우리 아이들이 이러한 환경 속에 있기에 더욱이 부모와 자녀들이 함께 또래집단을 넘어 동네 아이들과 선후배와 함께 같은 말씀 앞에 예배하는 세대통합 예배가 필요한 것이다.

세대통합 예배의 좋은 점들

세대통합 예배는 영적 친밀도를 높이는 기회를 제공

지금 한국교회 가정들의 부모는 주중의 시간을 대부분 직장에서 보내고, 자녀는 학교에서 각자의 삶을 살다가 주일에만 함께 모여 교회로 간다. 그러나 교회는 가지만 다시 교회에서도 어른예배와 어린이예배로 분리되어 예배를 드린다. 그리고 예배를 마친

후 집으로 돌아간다. 같은 교회를 다닌 다는 것을 제외하고는 전혀 공통분모가 없이 각자 신앙생활에 바쁘다.

그러나 세대통합 예배는 같은 예배 시간에 같은 장소에서 부모와 자녀들이 함께 앉아 같은 찬양을 하고 같은 말씀을 듣고 같은 기도를 한다. 하나 되는 시간이라고는 도무지 찾아볼 수 없는 한국적 상황에서 가족 구성원들이 모두 함께 모여 예배하는 이 시간을 통해 부모와 자녀들은 친숙한 시간을 가질 수 있다.

처음 세대통합 예배를 드릴 때, 자녀들은 어른들의 찬송가를 어려워했고, 부모들은 자녀들의 복음송을 어색해 했다. 그러나 지금은 부모나 자녀들이나 모두 한 목소리로 찬양을 한다. 또한 예배 후 자녀를 축복하는 시간을 갖고 가족이 함께 기도하는 시간을 가짐으로 자녀의 축복권이 부모에게 있음을 알고 영적인 권위를 인정하고 순종함을 배울 수 있다. 부모는 자녀들에게 기도를 가르치고 기도의 본을 보일 수 있다. 형제끼리도 서로 기도제목이 있음을 알고 서로를 위해 기도할 수 있다. 자녀들은 부모를 위하여 기도해야 함을 알고 기도할 수 있다. 이 모든 것을 세대통합 예배를 통해 서로 배우게 되는 것이다.

세대통합 예배는 영적 공감대 형성의 기회를 제공

세대통합 예배는 어른이나 어린이나 같은 주제의 말씀을 들었기 때문에 한 주간 동안 동일한 관점으로 세상을 살아갈 수 있다. 부모와 자녀가 세상을 보는 동일한 시간을 통해 영적인 공감대를 형성할 수 있다. 자녀들과 대화하고 싶어도 대화의 근거와 접촉점을 찾지 못한 가정에게 설교 말씀과 한 주간의 삶을 통해 서로 나눌 수 있는 접촉점을 제공한다.

"엄마, 목사님이 이랬잖아요."
"○○야, 목사님이 이번 주 이랬잖아. 우리도 이렇게 할까?"
"◇◇아, 이번 주 목사님 말씀을 통해 뭘 배웠어?"

설교 말씀이 부모와 자녀 모두에게 한 주를 살아갈 수 있는 목표와 근거 그리고 신앙의 대화를 할 수 있는 기회를 마련해 준다.

"자녀가 보고 있는데 예배 시간에 졸수는 없죠? 집에 가면 자녀들이 물어 보니까요. 정신을 바짝 차리고 말씀에 집중합니다."
"○○네는 아빠와 엄마가 함께 예배드리는데, 저는 엄마만 같이 예배하고 있어 엄마랑 꼭 아빠를 전도하자고 기도하고 있어요!"
"자녀들이 멀리 살고 있어서 같이 예배는 못드리고 있지만, 함께 예배드리는 아이들을 볼 때마다 멀리 있는 자녀들이 더욱 더 그립고 손자 손녀를 위해 기도하게 됩니다."

세대통합 예배를 통해 오히려 부모들이 더 긴장을 하고 동네 어린이들과 함께 구역을 이루고 있기에, 주일뿐만 아니라 주중에도 지역에서 바른 신앙인이 되기 위해서 노력한다는 간증들이 많이 있다. 그러므로 세대통합 예배는 자녀에게만 좋은 예배가 아닌 부모와 자녀에게 둘 다 좋은 예배모델이다.

세대통합 예배는 전성도가 동일한 방향으로 신앙생활하는 기회를 제공

형제들아 내가 우리 주 예수 그리스도의 이름으로 너희를 권하노니 모두가 같은 말을 하고 너희 가운데 분쟁이 없이 같은 마음과 같은 뜻으로 온전히 합하라 (고전 1:10)

많은 교회들이 조직도 상에는 담임 목사를 교회학교 교장이라고 표시해 놓는다. 그러나 대부분의 교회학교 어린이들은 담임 목사의 얼굴조차 모른다. 이 어린이들이 한 교회에서 성인으로 성장해야만 비로소 이들의 담임 목사가 된다.

그러나 세대통합 예배는 한 교회에게 하나님이 맡겨주신 교회의 영적 지도자인 담임 목사의 설교를 듣고 담임 목사의 기도를 받고 축복을 받으며 어린 아이부터 장년에 이르기까지 교회의 비전과 방향성, 기도제목을 분명하게 알게 한다. 이렇게 동일한 목회방침을 따라 함께 신앙생활 할 수 있다는 것은 목회론적인 입장에서 대단한 힘이자 축복이 아닐 수 없다.

세대통합 예배에 대한 우려들

한국교회는 지난 140여 년 동안 세계에서 유례를 찾아볼 수 없을 만큼 부흥하고 성장했다. 아니 성장했었다. 그러나 한국교회 교육은 후퇴했다. 한국 기독교 초기의 교회학교교육은 세상교육을 능가했다. 좋은 인재를 양성하기 위해 믿음을 떠나 선교사들이 세운 교회를 다녔고 그것이 애국하는 길이요 출세하는 길이라 생각했다. 그러나 한국교회는 지난 50년 전에 써 온 공과를 디자인만 바꿔서 여전히 사용하고 있다. 그러니 동성애와 같은 시대적으로 악한 흐름 앞에 대응을 못하고 있는 것이다. 지난 100년 동안 한국교회는 남성과 여성, 양반과 평민이라는 대립 구조를 통해 세워진 막힌 담들을 십자가로 허무는 싸움들을 해 왔음에도 여전히 교회에는 계층이 존재한다. 그리고 장년과 주일학교 학생이라는 그룹이 존재한다. 이걸 말씀으로 돌아가 초대교회와 청교도가 추구해 왔던, 하나님 앞에서 온 가족이 함께 드리는 세대통합 예배를 하자는 것이다.

그렇다면 이렇게 좋은 세대통합 예배를 왜 안하는가?

세대통합 예배에 대한 많은 우려가 있을 것이다. 우리교회에서도 많은 우려들과 걱정들이 있었다. 세대통합 예배를 한다고 하면 궁금해 하는 질문들을 정리하면 크게 세 가지 정도로 나눌 수 있다.

1. 세대통합 예배는 <u>소란스러울 것</u>이다.

맞다. 소란하다. 떠드는 건 당연하고 별의별 사건과 사고가 일어난다. 우는 아이부터 바닥을 기어다니는 아이, 찬양대하는 엄마를 향해 돌진하는 각양각색의 사고(?)들이 우리교회 예배 시간에 발생한다. 그런데 개의치 않았다. 우리교회 찬양대는 우는 아이들을 안고 찬양한다. 가끔은 찬양인도자가 애를 안고 찬양 인도를 하기도 한다. 전혀 개의치 않는다. 오히려 그 모습이 가끔은 너무나 거룩해 보인다. 아이들이 떠드는 건 아이들이 건강하니까 당연한 일이라고 생각했다. 그랬더니 오히려 부모들이 더 미안해 하고 부모들이 아이들을 잘 훈련시켜서 데리고 온다. 그런데 놀라운 것은, 아이들이 부모들보다 동네 형들을 더 무서워 한다는 것이다.

"야! 예배시간에는 조용히 있는 거야!"

"주보도 미리 준비하고 성경도 펴 놓고. 가방도 가지런히 해 놓고!"

엄마 아빠의 잔소리는 듣는 둥 마는 둥 하지만 동네 형과 언니들이 하는 소리는 정확하고도 빠르게 반응한다. 이것이 또래 세대들이 가지는 힘이다. 우리는 어른 성도들뿐 아니라 동네 오빠, 누나들의 예배 태도를 보고 바른 예배에 대하여 배우게 됐다. 이렇게 우리교회의 세대통합 예배는 자리를 잡아갔다.

예수께서 이르시되 어린 아이들을 용납하고 내게 오는 것을 금하지 말라 천국이 이런 사람의 것이니라 하시고 (마 19:14)

2. 세대통합 예배 시 설교의 초점을 어떻게 맞춰야 하는가?

쉽게 말해서 '어른 설교를 해야 하느냐? 어린이 설교를 해야 하는가?'하는 문제이다. 많은 사람들이 오해하는 것이 '과연 장년을 대상으로 하는 설교를 어린이들이 이해할 수 있을 것인가?'하는 점이다.

난 설교를 철저하게 어른들의 눈높이에 맞췄다. 세대통합 예배라고 해서 담임 목사가 설교 눈높이를 낮추라는 법은 없다. 아이들이 듣는다고 해서 그냥 넘어가지 않고 성경에서 말하고 있는 것을 다 말했다.

시대적인 이야기, 이 나라와 어른들의 죄악상과 성경에서 지적하고 있는 인간의 악한 모습들, 이를 바탕으로 이 나라와 민족이 가지고 가야 할 비전과 기도제목을 그대로 여과 없이 전한다. 철저히 어른들의 수준에 맞춰 메시지를 전하지만, 우려 했던 것과는 달리 아이들의 예배 집중도가 결코 떨어지지 않는다. 안 듣는 척 하지만 오히려 어른들보다 더 잘 듣고 다 알고 다 이해하고 있었다. 부모들과 똑같이 설교노트를 작성하며 말씀에 열심히 귀 기울이는 아이들은 집에서 가정예배를 인도해 낼 줄도 알고, 설교본문을 중심으로 성경암송대회 등에 참여할 때면 어른들보다 더 좋은 성적을 내곤 한다.

> 그때에 제자들이 예수께 나아와 이르되 천국에서는 누가 크니이까 예수께서 한 어린 아이를 불러 그들 가운데 세우시고 (마 18:1-2)

제자들이 '천국에서 누가 크냐?'로 다투고 있을 때 예수님은 어린 아이를 불러 그들 가운데 세우시고 말씀하셨다. 어린아이와 같지 아니하면….

걱정이 없었던 건 아니지만, 하나님께서는 우리에게 성경책을 주실 때 어린이용과 어른용 구분 없이 한 권만 주셨다고 확신하고 어른 설교를 어린이들에게 한다. 그랬더니 아무것도 모른다고 생각했던 어린이들이 다 알아듣고 다 같이 반응한다. 이것이 말씀이 가지는 능력, 예배가 가지는 힘이라고 생각한다.

3. 세대통합 예배는 <u>연령별 예배에 비해 효과적인 지도가</u> 부실할 것이라고 생각한다.

그렇지 않다. 말씀이 지향하는 바는 동일하다고 생각한다. 살아있는 말씀의 능력은 남녀노소, 시대와 계층과 환경을 초월한다.

하나님의 말씀은 살았고 운동력이 있어 좌우에 날선 어떤 검보다도 예리하여 혼과 영과 및 관절과 골수를 찔러 쪼개기까지 하며 또 마음의 생각과 뜻을 감찰하나니 (히 4:12)

성경은 자녀들에게 너희가 받은 그 말씀을 동일하게 가르치라고 했다.

그들에게 이르되 내가 오늘 너희에게 증언한 모든 말을 너희의 마음에 두고 너희의 자녀에게 명령하여 이 율법의 모든 말씀을 지켜 행하게 하라 (신 32:46)

물론 아이들은 40분이나 되는 설교를 지루해 한다. 그래서 이 아이들이 집중해서 말씀을 들을 수 있도록 말씀노트를 만들었고

말씀노트

말씀노트를 분기별로 전시하고 시상하고 있다. 부모들과 함께 주일 설교를 듣고 한 장으로 요약해 내는 말씀노트를 통해 아이들의 집중력과 표현력, 그리고 글쓰기 능력이 놀라울 정도로 증가했다.

> 여기 한 아이가 있어 보리떡 다섯 개와 물고기 두 마리를 가지고 있나이다 그러나 그것이 이 많은 사람에게 얼마나 되겠사옵나이까 (요 6:9)

오병이어 기적의 현장에는 아이가 있었다. 우리가 하는 세대통합 예배에도 그 한 아이가 있길 소원한다.

여기에 더해 세대통합 예배 후에는 그 설교 내용을 가지고 주일 FC라는 이름으로 지역별(12교구) 또래별(영아/유치/초등/중고등/청년) 모임을 가진다. 이 모임을 통해 또래별로 말씀을 나누면서 자신의 생각을 나눈다.

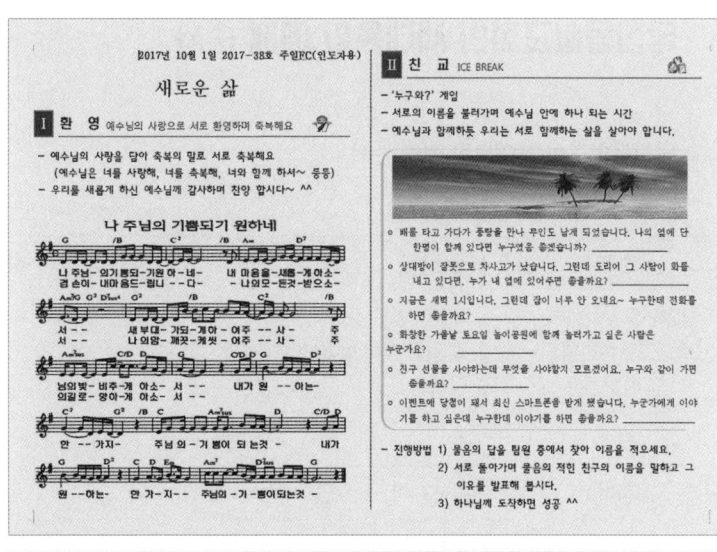

주일 FC

당진동일교회의 세대통합 예배 순서

당진동일교회 세대통합 예배 순서

순서	진행순서	
찬양인도 VF찬양단 (초중고연합찬양팀) 리더-이선용	1. 나주의 믿음 갖고 2. 갈 길을 밝히 보이시니 3. 임재	
찬송	10장	
회중기도	고경석 집사	
특별순서 (유치부)	1. 예수님 내 친구 2. 참 좋은 친구	
찬양대 찬양	나의 힘이 되신 여호와여	호산나찬양대
성경봉독	여호수아 6:1-5 (구약 326)	이수훈 목사
설교	반드시 무너뜨려야 길이 열린다	
찬송, 봉헌기도		
축도		
축복기도	김도윤 어린이 출생기도 부 : 김윤선 집사 / 모 : 이은기 성도	
Speech	김태희 어린이 : 이기종 집사 이경은 집사 이시원 어린이 : 김정철 성도 박은주 집사	
새가족 환영	다함께	
파송 찬양		
가족 축복기도		

당진동일교회 예배의 특색

첫째, 주일 세대통합 예배는 VF 찬양팀이 찬양을 인도한다.

당진동일교회에는 VF(vision Family)찬양팀이 주일 찬양예배를 인도하고 있다. 초등학교, 중등부, 고등부와 청년부 교사 연합팀으로 이루어진 VF 찬양팀 70여 명은 찬양을 하기 위해서 주일 새벽예배부터 참석하여 새벽기도로 준비를 하고 아침식사를 함께 하고 찬양 연습을 한다.

둘째, 출생 관련된 축복 기도를 주일예배 시간에 한다.

우리교회는 하나님의 은혜로 출생률이 높다. 지방의 중소도시로써는 상상할 수 없는 자녀들이 매해 태어났다. 개척 후 지금까지 3,000명의 신생아가 교회에서 출생했다. 그런데 돌 감사예배가 없다. 처음에는 담임 목사의 축복을 받아야 된다고 서운해 하시는 성도들이 많았다. 그러나 이 축복은 공예배 시간인 주일에 온 성

신생아 축복기도   100일 축복기도

도 앞에서 하나님의 이름으로 받아야 된다고 생각했다. 그래서 출생하면 생애 첫 감사기도를 100일과 돌 축복기도를 신청하면 주일예배 시간에 온 성도 앞에서 아이에게 하나님의 이름으로 축복을 하고 함께 기도했다.

셋째, 스피치 시간을 만들었다.

6-7세 어린이들을 위한 스피치 시간을 만들었다. 마치 예전 반공 웅변대회를 하는 것처럼 말이다. 전 성도 앞에서 말씀을 암송하고 자신의 꿈과 기도제목을 발표하게 했다. 초중고 학생들은 영어나 중국어로 발표하게 했다.

처음에는 수줍어서 어쩔 줄 몰라 하던 아이들이 스피치 이후 자신감과 비전이 생기기 시작했다. 또 불신자 가정에서 출석하는 아이들의 스피치를 보려고 양가 부모님들과 친척들까지 교회로 초대하는 일들이 벌어졌다. 스피치 시간에 모든 성도들은 진심으로 아이들을 격려해 주고 이 아이가 대한민국과 하나님나라를 위하

여 사용될 수 있기를 위해 기도한다.

넷째, 가족 축복기도 시간을 만들었다.

예배 후 그 자리에 가족별로 모여 가족끼리 서로서로를 축복하는 시간을 만들었다. 부모가 자녀들을, 할머니가 손자 손녀들을, 형제끼리 서로 축복하는 시간을 만들어 우리는 축복공동체이자 기도공동체임을 강조하고 하나님의 말씀을 가지고 서로 축복하는 시간을 통해 가장과 가족의 영적 권위가 회복되는 놀라운 경험들을 하고 있다.

결론. 세대통합 예배, 당장 시행하라!

지금까지 당진동일교회를 중심으로 세대통합 예배의 필요성과 좋은 점들을 설명했다. 학교 시스템처럼 세분화되어 있는 신앙교육의 책임은 부모에게 있다. 그 후에 가정에서 하는 신앙교육을 보충하는 곳이 교회교육이다. 그런데 한국교회는 이 책임을 교회학교에게 교역자에게 전가시키고 책임이 없다고 한다. 그러니 믿음의 인물들이 신앙의 작품들이 나오지 않는 것이다.

또한 세대통합 예배의 어려운 문제들에 대해서 논의해 보았다. 물론 우려되는 문제점들이 많이 있다. 그럼에도 불구하고 성경에서 약속하신 대로 우려 했던 것 보다 좋은 열매가 나타날 것이다.

세대통합 예배는
성경에서 말하고 있는 가족예배를 회복하는 것이다.
세대통합 예배를 회복하는 것은
한국교회 미래를 회복하는 것이다.
그러므로 당장 시행해라! 시행착오가 있을 것이다.
그러나 받아들여라.

하나님께서 세대통합 예배에 축복을 내려 주사 크신 감동과 은혜로 인도해 주실 것이다. GOD BLESS YOU!

4장

세대통합
예배의

어제, 오늘
그리고 내일

박신웅

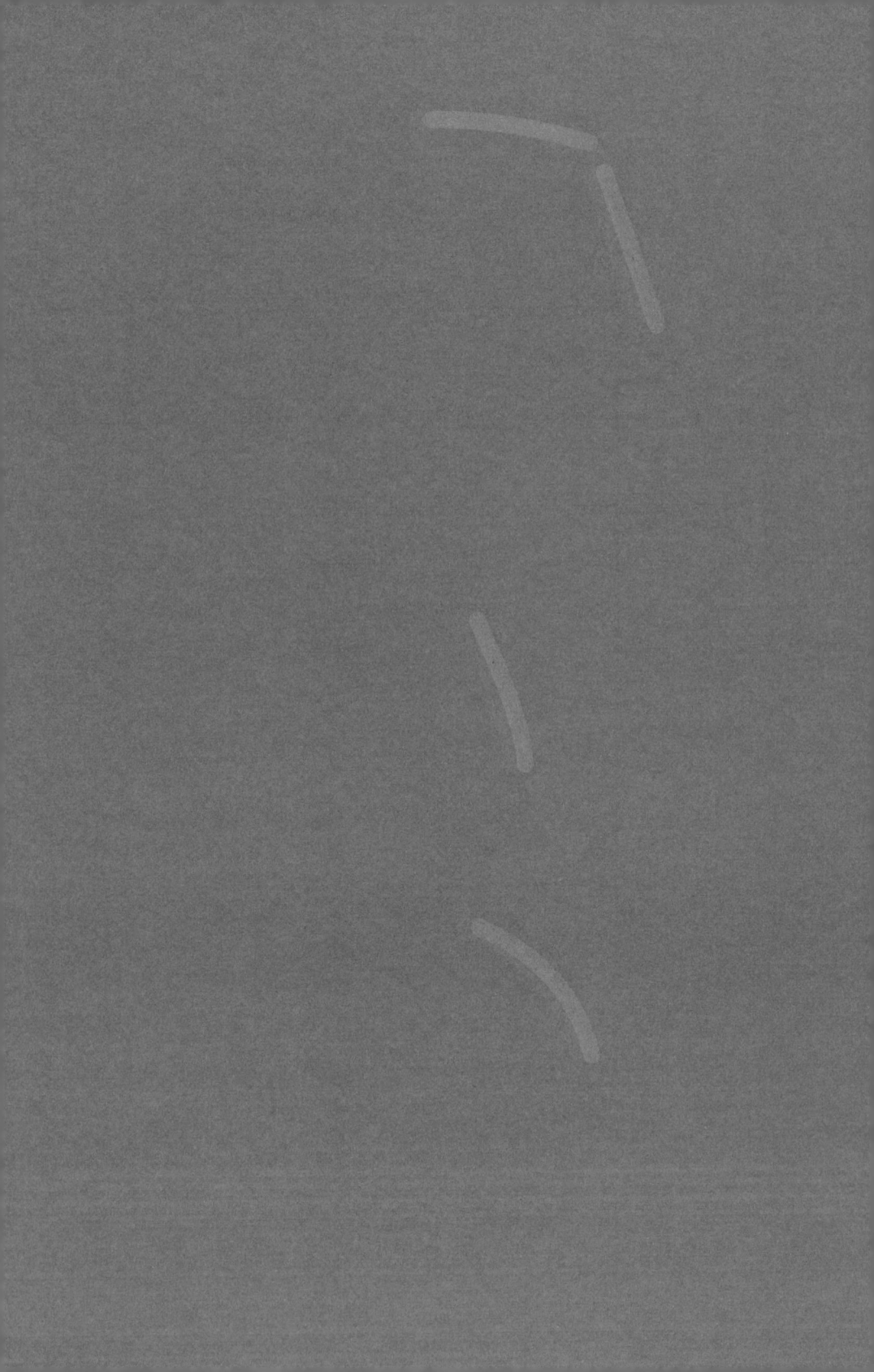

세대통합 예배의 어제, 오늘 그리고 내일[1]

박신웅 목사
(총회교육원 원장)

들어가며

주일 아침, 성도들의 모습은 어떤가? A 성도 가정을 살펴보자! 온 가족이 주일 아침 바쁘게 일어나 교회에 갈 채비를 하고 차를 타고 먼 거리를 이동해 함께 교회당에 이른다.[2] 첫째는 중고등부실로, 둘째는 초등부실로 각각 찾아가고, 엄마와 아빠는 이른바 '대예배'로 불리는 성인 중심의 예배를 드리러 '대예배실'로 급하게 들어간다. 자리에 앉아 그제야 비로소 큰 한 숨을 들이쉬며 예배를 드릴 준비를 한다. 정신없이 찾아 앉은 자리에서 드린 예배, 어떻게 지나갔는지 모르고 이어지는 점심식사. 여전히 아이들은 보이지 않고, 흩어져 바쁘게 식사를 하고 오후예배에 참석한다. 오늘따라 아이들이 보이지 않자 두리번거리다 저 뒷자리에 고개를 숙인 채 예배드리는 두 아이를 발견한다. 오후예배를 마치고 언제나 그렇듯 흩어졌던 아이들과 정해진 곳에서 차를 함께 타고 집으로 돌아온다. 그들은 그렇게 교회당이라는 같은 공간에서 각기 다른 대상들과 예배, 교제, 심지어 식사를 하고 다른 활동들을 하다 돌아오는 길에는 서로 다른 설교와 예배에 대한 경험을 적당히 나누며 집으로 향한다. 늘 그래왔던 것처럼 예배가 분리된 그들은 점차 신앙의 균열을 느끼며 돌아온다.

이미 한국의 많은 가정에서 부부가, 부모와 자녀가 같은 공간인 집에 살지만, 각기 다른 삶을 추구하며 분리된 채 살아간다. 이러한 모습에 대해 보디 보우컴은 미국의 상황을 이렇게 설명한다.

> 존슨 가족은 슬프지만 이미 미국 그리스도인의 삶으로 특징된 '분리'의 본보기를 보여 준다. 엄마와 아빠는 각각 하루에 여덟 시간에서 열 시간 정도 나가서 일하고(출퇴근 시간까지 합하면 이 시간은 더 길다), 아이들은 학교에 간다. 학교가 끝난 아이들은 스포츠, 스카우트, 음악과 댄스 강습, 그 밖의 많은 활동으로 바쁘다. 부모는 아이들이 여러 활동을 할 수 있도록 운전기사 노릇을 하지만, 영적으로는 좀처럼 아이들에게 관여하지 않는다. … 평상시 저녁

때 존슨 가족의 집안을 들여다본다면, 가족들이 각각 다른 방에서(더러는 다른 전자기계 앞에서) 각기 다른 세계에 빠져 있는 것을 보게 될 것이다. 아버지는 소파에 앉아 스포츠 뉴스를 보고 있고, 어머니는 아이들의 다음 날 입을 옷을 준비하고 있으며, 수지는 페이스북으로 채팅을 하고 있다. 빌리는 비디오 게임에 몰두해 있고, 막내 에이미는 엄마의 스마트폰으로 최근에 나온 해리포터 소설을 읽고 있다.[3]

비록 그들은 '죄가 되는' 활동을 하는 것은 아니지만 그 결과는 어쩌면 더 심각할 수 있다. 같은 공간에서 지내지만 전혀 다른 가치와 삶을 추구하며 공유하는 영역이 점차 사라져가는 '분리'를 주중에 가정에서 이미 경험한다. 그런데 한 가지 생각해 봐야할 것이 있다. 이렇듯 한 주간 삶에서의 분리를 자연스럽게 경험한 가족들이[4] 주일이 되어 교회로 모인다고 해서 갑자기 영적인 것을 함께

오전 9시	더그와 그의 아내는 대예배를 드린다. 딸은 중고등부 예배를 드린다.
오전 10시 30분	더그는 청년부와 대학부에서 교사로 봉사한다. 더그의 아내는 주일학교에서 보조교사로 봉사한다. 딸은 현대식 찬양 예배를 드린다.
오전 12시	더그와 아내는 성인을 위한 성경공부반에 참석한다. 딸은 집으로 간다.

〈표 1. 미국의 한 성도 가정의 예배의 분리의 예〉

공유할 수 있을까? 아니다. 이것에 대해 보디 보우컴은 대부분의 가정에서 삶의 분리가 고스란히 교회에서는 신앙의 분리로 이어진다고 말한다. 이것에 대해 보디 보우컴이 보여준 더그 가정의 예(〈표1〉)는 전술한 한국의 A 성도의 가정과 별반 다르지 않다.[5]

가정에서 삶의 분리가 교회에서는 예배의 분리로, 나아가 신앙의 분리로 이어지고 있다. 이정관 교수는 한국교회도 이제는 이러한 모습이 비슷하게 나타나고 있다고 지적한다.[6] 이제 많은 한국의 성도들(가족들)도 각기 다른 설교를 듣고, 다른 예배 경험을 통해 점차 각기 다른 신앙과 세계관을 구축하며 소위 '그들만의' 교회생활을 하다 또 다시 삶으로, 집으로 나아가 분리를 더욱 공고히 해 가고 있다. 이러한 분리가 가속화되는 때, 통합을 말하고 함께 신앙 경험을 가지도록 노력하는 세대통합 예배를 생각해 보는 것은 참으로 시의적절한 일이 아닐 수 없다. 이제 세대통합 예배가 주목받게 된 보다 근원적인 원인을 먼저 살펴보도록 하자.

세대별 예배의 분리와 그 문제점

포스터모던 시대, 공동체성을 주목하다!

예배학자 로버트 웨버(Robert Webber) 교수는 기독교 역사의 패러다임이 다섯 시기에 걸쳐 변해왔다고 한다. 그 결과, 고대 교회 신앙의 색깔과 방식이 오늘의 포스터모던 시대의 그것과 유사하게 나타난다고 한다.[7] 그의 분석에 의하면, 교회 역사의 패러다임은 시대별 핵심이 되는 아이디어로 집약되는데, 오늘의 포스트모던 시대의 상황이 고대의 상황과 동일하게 신비(mystery), 공동체(community), 상징(symbol)의 특징을 가진다고 한다. 특별히 오늘의 상황은 공동체성을 강조하고 보다 많은 관심을 기울인다. 이런 맥락에서 공동체적인 예배 회복으로서의 세대통합 예배에 대한 관심은 어쩌면 너무도 당연하고 바람직하다고 이에스더(2009)는 지적한다.[8] 이것에 대해 이성희 목사는 포스터모던 시대는 "분리와 경쟁이 기조였던 산업 사회가 아니라 통합과 조화, 나아가 일치와 공동 창조가 기조인 시대"라며 로버트 웨버 교수의 의견에 동의한다.[9]

고대	중세	종교개혁	모던	포스트모던
신비 mystery 공동체 community 상징 symbol	제도적 institutional	말씀 word	이성 reason 조직적 systematic	신비 mystery 공동체 community 상징 symbol
		분석적 analytical 언어적 verbal 개인적 individual		

〈표 2. 로버트 웨버의 교회역사의 패러다임 변화〉[10]

문화의 변화에 따라 예배가 분화되다!

예배학자 김세광 교수는 한국교회의 예배가 현대의 다양한 문화와 사회의 요구에 따라 급변하고 있다고 한다.[11] 그에 의하면 세 가지 중요한 요구가 있는데, 첫째는 교회 밖의 YWAM이나 CCC, 그리고 빈야드 운동이나 브라이언 맥라렌의 이머징 처치(Emerging Church) 등 새로운 신앙운동과 선교적 교회의 출현으로 교회 외적 도전이 거세지면 기존의 예배에 대한 도전과 다양한 변화로의 요구가 분출하면서 덩달아 예배의 변화와 활력이 주어졌다고 한다. 둘째와 셋째는 교회 내적인 요구들인데, 둘째는 목회자와 교회 지도자들이 교회성장과 교회갱신에 대한 관심과 요구가 증가하면서 자연스럽게 예배의 변화를 모색하게 되면서 변화가 불가피하게 되었다고 한다. 마지막으로는 예배를 참석하는 회중의 측면에서 과거에 비해 연령에 따른 예배의 세분화와 그들의 다양한 요구가 늘어나면서 교회가 그것에 부응해야 할 필요를 느끼면서 예배가 자연스럽게 변했다고 한다.

이러한 예배의 다양한 변화에 대해 김세광 교수는 또 다른 논문에서 1960년대 이후의 포스터모던 사회로 이양하면서 발생한 다양한 요구와 필요에 교회가 반응하면서 나타난 현상으로 본다. 그리고 이러한 부응의 결과, 현재 한국교회는 문화 변혁에 따른 예배융합(blended worship) 및 예배전쟁(worship war) 현상을 경험하고 있다

분류		세분화
예배의 형태에 따른 분류	예전적 예배	세계 교회전통의 예전적 예배
		한국 전통문화의 예전적 예배
	축제적 예배	경배와 찬양 예배
		구조자 예배 (열린 예배)
		멀티미디어 예배
		은사적 예배
예배의 대상과 내용에 따른 분류	회중의 연령과 전문성	세대별 및 전문화 예배
	회중 문화 + 고대교회의 예배 유산	이머징 예배, 다감각예배, 고대미래예배 (통합 예배, Blended worship)
	전세대	세대통합 예배

〈표 3. 예배의 분류에 따른 세부 예배 유형〉[14,15]

고 한다.[12] 예배의 변화는 우선 큰 틀에서 두 가지로 나뉘는데, 예전적인 예배와 축제적인 예배가 그것들이다. 김세광 교수가 분류한 내용을 간략하게 표로 만들면 〈표3〉과 같다.[13]

이러한 문화에 따른 예배의 변화 및 분화는 두 가지 관점으로 볼 수 있는데, 첫째는 예배에서 회중간의 소통과 참여의 활성화라는 긍정적인 면이고, 둘째는 예배의 세속화와 대중 영합적인 예배 변질의 우려라는 부정적인 면이다.[16] 여하튼, 이러한 예배의 변화와 분화 현상은 결국 세대별 예배를 양산하게 되면서 다양한 문제와 한계를 가져오게 된다.

세대별 예배의 변화에 따라 문제가 발생하다!

가정 사역자인 티모시 폴 존스 교수에 의하면 미국의 경우 제2차 세계대전 이후에 청소년과 십대 문화가 본격적으로 나타나면서 그에 따른 다양한 연령별 사역이 등장하기 시작했고 그에 따른 예배의 분화가 발생했다고 한다.[17] 이후, 1960-70년대에는 본격적으로 청소년 사역의 형태와 사역자들 그리고 전문적인 어린이 사역자들이 등장하면서 세대별 예배가 시작된다. 한국 교회의 경우는 이보다는 조금 더 늦은 시기에 세대별 예배가 분화되는데, 이는 한국의 사회와 교회의 상황이 미국보다는 늦게 발전했기 때문이다. 비록 1960-70년대에도 간혹 어린이와 청소년 사역이 이루어지기도 했지만, 1980년대 초까지도 청년예배나 교회학교의 유초등부 예배의 경우는 성인 예배의 내용과 구조를 그대로 따르고 별다른 세대별 예배의 변화나 분화를 경험하지 못한다.[18]

하지만 1980년 중반 이후로 386세대, X세대, Y세대, Z세대, N세대, C세대 등 다양한 세대의 등장과 그에 따른 언어와 표현 방식의 변화를 경험하면서, 포스트모던 문화적 상상력과 영상, 멀티미디어의 사용을 자연스럽게 만들었고, 예배에도 이러한 요소들이 깊숙이 들어왔다. 이러한 분위기에 맞춰 어린이 예배의 경우 메빅(MEBIC) 예배처럼 게임과 캐릭터가 등장한 예배에서부터 다양한 젊은이들의 열린 예배 등 기성세대와 대비되는 예배의 모습이 나타난다.[19] 근래에 오면서 이제는 아예 교육적인 차원을 강조하여 영아, 유치, 초등학교 저학년, 초등학교 고학년, 중등, 고등, 대학, 청년부 등으로 세분화하여 예배를 드리기에 이른다. 그리고 이제는 이러한 예배를 너무도 자연스럽고 당연한 것처럼 여기고 있다.

이처럼 연령대별 예배의 세분화는 교육적인 효과가 분명히 있기는 하지만, 예배가 교육적 차원만 있는 것이 아니기에 신앙의 단편화 혹은 예배의 분리로 인한 통전적인 신앙의 발달과 그에 따른 다른 세대들과의 교류를 방해하고, 공동체적인 행위로서의 예배가 가지는 본래의 의미를 상실하게도 한다.[20] 또한, 예배의 분리는 존 웨스트호프 교수가 말하는 신앙공동체 안에서 함께 살기(live together)를 통한 자연스러운 공동체의 참여와 그에 따른 공동체 경험을 어렵게 한다. 그리고 이러한 공동체적 참여와 경험의 결핍은 결국 이전 세대들이 가지고 있는 신앙의 스토리와 그에 따른 그들의 신앙경험과 다양한 신앙적 혜안을 배울 수 있는 기회와 함께 한 하나님을 찬양하고 예배하는 기회를 박탈하는 문제를 야기한다.[21]

근래의 세대통합 예배 모형에 대한 분석

한국교회에서의 세대통합 예배가 등장하다!

신학자 허도화 교수는 한국교회의 예배가 크게 다섯 시기로 나뉘어 변화해 왔다고 한다. 첫째 '예배 형성기(1879-1900년)'로 처음으로 한국에 예배 형식이 소개된 시기로 보고 있다. 이 시기는 자체적인 예식서가 없는 한국교회에 회심자를 얻기 위한 전도 중심의 간단한 예배 형식을 취하는 시기라고 한다. 둘째 '예배 전통기(1901-1930년)'로 한국교회에 교단이 조직되면서 예배규범과 전통이 서서히 생기게 되는 시기였다고 한다. 셋째 '예배 토착기(1931-1960년)'로 한국형 예배의 모습이 점차 고착화되면서 예배의 전통이 조금씩 갖춰졌고, 넷째 '예배 굴절기(1961-1990년)'는 개교회주의와 성장지향적인 교세의 확장으로 예배가 성장을 위한 프로그램으로 '이용'되면서 예배가 굴절된 시기라고 한다. 마지막으로 1990년 이후의 '예배 갱신기'로 예식서들이 교단마다 체계적으로 연구되고, '경배와 찬양'과 같은 찬양과 다양한 예배형식이 시도되는 시기라고 한다.[22]

실제로 세대통합 예배에 대한 고민도 마지막인 '예배 갱신기'에 시도되는데, 세대통합을 주도하는 대부분의 교회들도 2000년대 이후에 본격적으로 시도하고 있음을 알 수 있다. 실제로 세대통합 예배로 잘 알려진 세대로교회의 경우 2011년에 세대통합 예배인 '오렌지 예배'를 시작했고,[23] 쉐마 교육과 가정과 연계한 신앙교육으로 유명한 과천약수교회의 경우도 2010년에 시작했으며,[24] 비교적 세대통합 예배로 꽤 알려진 노원동부교회의 경우 2006년에 시작했다.[25] 다만, 목양교회 정도만 30여년의 역사를 가지고 지속적으로 시행하고 있는 실정이다.[26]

　　세대통합 예배에 대한 명칭도 처음에는 '간세대예배'라는 명칭으로 사용되었다가[27] 점차 세대통합 예배로 바뀌게 된다. 사실, 둘 다 영어로는 'intergenerational worship'으로 표기하기 때문에 둘 사이의 큰 차이는 느끼지 못한다. 하지만 전자의 경우 세대 간의 단절로 인한 신앙 교류와 경험의 공유를 통한 세대 간의 분리 극복에 강조를 두고 새로운 시도를 하는 단계에서 나온 용어라면, 후자의 경우는 단순한 세대 간의 교류 차원을 넘어 본격적으로 세대의 통합을 통해 하나의 신앙공동체의 형성과 확립에 방점을 두는 것이 아닌가 판단한다. 이에 대해 유재원 교수는 세대통합 예배에서의 '세대'는 단순히 유년기, 청소년기, 청년기, 중년기, 노년기 등 각각의 세대를 합친 세대를 의미하는 것이 아니라고 강조한다. 오히려 세대통합 예배에서 말하는 '세대'는 성경적 근거를 가진 조부모-부모-자녀로 이어지는 3대의 '세대'를 의미한다고 한다.[28] 이로 인해, 근래에는 간세대예배라는 용어보다는 세대통합 예배라는 용어로 통일되어 사용되는 경향이 있다.

아울러, '통합 예배'라는 용어와 '세대통합 예배'라는 용어가 구분되는데, 이것에 대해 유재원은 통합 예배는 전술한 것처럼 영어로 'blended worship'으로 사용되는 고전적 예배와 현대적 예배의 통합을 통한 오늘날 변화하는 예배의 한 흐름을 말하는 반면, 세대통합 예배는 영어로 'intergenerational worship'으로 세대가 함께 드리는 예배의 형태를 말한다고 한다.[29] 또한, 그는 네덜란드 개혁교회를 세대통합 예배의 한 예로 들면서, 이 예배를 통해 가정을 신앙공동체로 만드는 책임을 교회가 잘 감당하고 있다고 평가한다. 그와 함께 부모가 이 세대통합 예배를 통해 자녀와 지적, 정서적 공감과 교류하는 힘을 길러주고, 혹 자녀가 지루해 하면 그들을 도와 바른 예배 분위기 속에 편입되도록 하는 자연스러움이 있다고 지적한다.[30] 최근에는 고신교회를 중심으로 몇몇 교회들의 개혁교회 전통을 따르는 세대통합 예배를 추구하는 흐름이 감지되고 있으며, 이를 통해 세대통합 예배의 교육적이고 예전적인, 그리고 보다 발전적인 논의들을 활발하게 진행하고 있는 것도 사실이다.[31]

한국교회의 세대통합 예배가 발전하다! (분류)

예배의 대상에 따라 세대별, 연령별로 예배를 드리던 한국교회의 상황에서 세대통합 예배를 시도하며 나름 세대통합 예배의 형태를 갖추고 지금까지 실효를 거두고 있는 교회들이 있다. 이러

분류 (예배 시기별)		세부 구분	교회	특징 / 비고
(1)	매 주일 오전	① 세대통합 예배 전, 후 프로그램과 연계	하남은광교회	오전 어린이, 청소년 예배 + 부모 참석, 오전 예배는 부모와 자녀가 함께 참석
			금당동부교회	모든 연령대의 대표기도, 찬양대 운영, 매월 첫 달 온가족 새벽기도
		② 모든 예배 = 세대통합 예배	온생명교회	예전을 중시하는 예배 형태
			목포 창조교회	새벽기도부터 수요, 주일예배까지 모든 예배가 세대통합 예배로 드림
		③ 예배 중 분리	세대로교회	어린이 설교까지 진행하고 어린이 부서로 나뉨
(2)	매 주일 오후	오후예배 자체 = 세대통합 예배	울산 다운공동체교회 진량제일교회	두 번의 설교: 어린이 설교 + 어른 설교
(3)	매 주중 예배	수요성령예배	진량제일교회	두 시간의 수요기도회 + 자녀 축복의 시간
(4)	매달 1회	매달 1회 오전예배	과천약수교회	매달 첫 주 3대가 함께 드리는 예배
			서대문교회	매달 두 주 부모와 자녀가 함께 드리는 예배 + 더가족 순모임 (성경공부)

〈표 4. 세대통합 예배 시기별 분류〉

한 교회들 가운데 아래의 9개 교회를 대상으로 네 가지 분류에 따라 세대통합 예배의 한국적인 유형을 누었다. 그리고 그에 맞춰 각각의 세부적인 상황과 특징들에 대해 분석해 보았다. 네 가지 각 분류는 〈표4〉와 같다.

매 주일 오전을 세대통합 예배로 드리는 모형

세대통합 예배 전, 후의 프로그램과 연계하는 경우

세대통합 예배에 전부를 걸었다고 해도 과언이 아닌 교회들이 있다. 세대통합 예배를 모든 사역의 중심에 두고 세대통합 예배를 통해 온 성도들의 신앙양육과 예배를 시도하는 교회들이 바로 이에 해당된다.

하남은광교회

하남은광교회(예수교장로회 고신교단)가 세대통합 예배를 실시한 것은 지난 2015년부터이지만 담임목회자인 김희중 목사가 이전 교회에서부터 진행해 왔던 세대통합 예배를 새롭게 부임한 교회에서 접목시키고 있는 과정에 있다. 우선 이 교회는 오전 9시 30분에 케노시스 주일학교를 운영한다. 이때 주일학교에 부모들도 부모교사로 참여하여 주일학교 예배에 참여하고 성경공부를 인도한다. 이때, 설교와 성경공부의 본문은 이후에 있을 주일 장년 오전

예배의 본문과 내용이 동일하다.

주일학교 예배 후, 분반공부 시간에는 성도들의 가정에서 출석한 학생들은 어린이에서 중고등부까지 부모교사와 함께 본문의 내용을 공부하며 나눈다. 믿지 않는 가정에서 출석한 학생은 일반 주일학교 교사와 함께 성경공부 시간을 갖고 이어 주일학교에 참여한 교사, 학생, 부모교사는 함께 이후의 세대통합 예배에 참여한다. 이렇게 다음 세대들은 두 번의 동일한 메시지를 주일에 듣게 되고, 이후에 질문과 성경공부를 할 수 있는 자료를 가지고 가정으로 돌아가 부모와 함께 말씀을 나누는 시간을 가진다. 결론적으로 무려 세 번의 동일한 본문의 말씀을 가까이할 수 있는 기회를 갖게 되는 것이다.

주일 오전 2부 세대통합 예배의 순서는 〈인사 - 십계명 선포 - 예배의 초청 - 송영찬양 - 회개기도 - 사죄 확신 - 신앙고백 - 찬송 - 예배기도(성도 대표인 장로의 기도) - 성경봉독 - 찬양(찬양대) - 말씀 선포 - 찬송 - 봉헌 - 교회소식(담임 목사의 안내) - 새가족환영 - (성찬식) - 마침 찬송 - 축도〉로 이루어지는데 대체로 예전을 많이 강조하는 예배 형식을 취하고 있다.[32] 송영찬양과 회개기도, 사죄 확신 등의 예전적인 요소를 가미한 것이 눈에 띄는데, 이러한 것까지 훈련을 해야 한다는 목회적, 교육적 필요에 따라 진행하고 있음을 알 수 있다.

금당동부교회

금당동부교회(예수교장로회 통합교단)는 2003년 개척초기부터 온가족이 함께 드리는 세대통합 예배를 드려왔다. 주일 오전 예배시간에는 보통의 교회들은 직분자들만 기도 순서를 맡지만 금당동부교회는 전 연령대별 기도자가 순서에 따라 인도한다. 찬양대의 경우도 1~3주일은 성인 찬양대가 섬기고, 나머지 주일은 아동부와 중고등부 찬양대가 섬긴다. 이를 통해 모든 연령대가 하나님께 함께 참여한다는 의미를 강조한다.[33] 아울러, 주일 오후예배에도 찬양을 담당하는 찬양팀에 초등학생부터 성인까지 참여하도록 하였고, 찬양과 간증을 통해 세대 간의 통합을 꾀하고 있다. 아울러 예배 전후로 연계된 프로그램도 다양한데, 매월 첫 날에는 온가족 새벽 기도를 통해 세대가 함께 모여 기도하는 훈련을 하고, 주일의 세대통합 예배 이후에는 교회학교를 진행하며 보통의 경우 오후 성경공부까지 참석하고 가정마다 집으로 돌아가는 분위기가 된다고 한다.[34]

주일의 모든 예배 = 세대통합 예배인 경우

온생명교회

온생명교회(예수교장로회 고신교단)는 잠실중앙교회가 2009년 10월에 분립 개척한 교회이다. 이 교회는 개척과 함께 온 성도들이 함께 예배드리는 세대통합 예배를 드리기 시작하였고, 지금까지 그렇게 드려오고 있다. 담임목회자인 안재경 목사는 언약 백성인 교회는 예배 공동체이기에 언약에 근거하여 부모와 자녀가 함께 예배해야 한다고 역설한다.[35] 즉, 어린이 예배, 중고등부 예배가 따로 있는 것이 아니라 예배는 온 가족이 함께 언약의 하나님께 함께 예배하는 세대통합 예배여야 함을 강조한 것이다. 이런 맥락에서 온생명교회는 아이들과 처음 예배드리는 분들을 위한 안내서를 발간하여 세세하게 세대통합 예배에 대한 안내와 교육을 하고 있다.[36]

예배 안내서는 크게 4 부분으로 나뉘는데, 〈하나님이 부르십니다-하나님이 용서하십니다-하나님이 말씀하십니다-하나님이 보내십니다〉가 그것이다. 전체적인 내용을 보면 예전적이고 체계적인 예배 형식을 취하고 있음을 알 수 있다. 구체적인 예배 순서는 다음과 같다.

분류	내용	비고
하나님이 부르십니다	1. 하나님의 부름 2. 하나님의 인사 3. 신앙고백 4. 경배찬송	시편 124:8 로마서 1:7 사도신경 읽기 찬송가
하나님이 용서하십니다	5. 십계명 읽기 (교독) 6. 죄고백 7. 사죄선언 8. 감사찬송 9. 기도	- 회개기도 히브리서 7:24, 25 찬송가/ 시편찬송가 대표기도

하나님이 말씀하십니다	10. 성경봉독 11. 설교 12. 응답찬송	성도 개개인 - 찬송가
하나님이 보내십니다	13. 헌금 14. 성도의 교제 15. 마침찬송 16. 강복선언	

목포 창조교회

목포창조교회(예수교장로회 합동교단)는 4년 전부터 모든 공식 예배를 세대통합 예배로 드리고 있다. 온생명교회와 같이 이 교회도 세대통합 예배를 위해 설교의 눈높이를 낮추거나 다른 설교를 준비하지는 않는다. 오히려 자녀들로 하여금 어른들의 설교에 자신들을 맞추도록 훈련시킨다. 이런 면에서 두 교회는 동일하게 세대통합 예배를 통해 자연스럽게 자녀들을 성인 예배에 참여시키고 동화되도록 하고 있다. 어쩌면 이런 훈련과 문화가 형성된다면 존 웨스트호프가 말하는 가입의 신앙을 잘 훈련하고 받아들일 수 있는 기회가 될 수 있다.[37]

실제로 존 웨스트호프는 유아와 학령전의 아이들이 처음에는 교회 공동체를 통한 경험을 통해 신앙을 배우고, 이어 어린이와 초기 청소년기에는 교회 공동체에 소속됨을 통해 가입된 공동체의 문화 속에서 신앙적 정체성(identity)을 깨닫고 소속됨(belong)을 확인하며, 청소년기에 이르러 여러 것들에 대해 회의하며 신앙을 찾는 단계에 이르고, 성인이 되면 교회 공동체를 통해 자신이 소유한 신앙(owned faith)을 갖게 된다고 한다.[38] 이런 면에서 유아와 학령기 이전의 아동, 초등학교 어린이와 초기 청소년 학생들과 함께 하는 세대통합 예배는 어쩌면 너무도 자연스럽게 이런 경험의 신앙, 가입의 신앙을 형성할 수 있는 좋은 기회가 되지 않을까?

이에 대해 목포창조교회의 유아, 어린이들은 이미 세대통합 예배에 대한 거부감을 버리고 집중력 있게 설교 노트를 작성하고 말씀에 반응하며 심지어 성경고사 등을 통해 보다 적극적으로 예배에 대한 그들의 반응을 보인다고 한다. 이런 모습이야말로 존 웨스트호프의 이론에 어느 정도 부합하는 결과가 아닌지 생각해 볼 만 하다.[39]

주일 오전 예배 중 어린이 설교까지 세대통합 예배를 드리는 경우

세대로교회[40]

세대로교회(예수교장로회 합신교단)는 2002년 개척 초기부터 세대통합 예배에 관심을 갖고 시작하였다. 담임목회자인 양승헌 목사는 오랫동안 우리나라의 대표적 기독교교육기관인 파이디온 선교회를 이끌었고, 이를 바탕으로 교육사역, 특별히 세대통합에 지대한 관심을 가지고 교회를 개척하기에 이른다. 그리고 그에 대한 구체적인 전략으로 세대통합 예배와 원포인트 레슨(one point lesson)을 듣고 있다.

이 교회는 세대통합을 위한 투 트랙의 예배를 시도하고 있는데, 1년에 여섯 번 정도 특별한 절기에 드리는 온가족예배와 매주 드리는 오렌지예배[41]가 그것이다. 전자의 경우 온 가족이 처음부터 예배를 마치기까지 참여하는 예배이고, 후자의 오렌지예배는 그 외 매주 온 가족이 함께 예배에 들어와 유치부, 유년부, 초등부 자녀들을 위한 다음세대 설교가 끝난 후, 장년은 남고 자녀들은 각각의 교육부서로 흩어지는 예배 형태를 취한다.[42]

오렌지예배의 순서는 단순한데, 〈환영 및 예배로의 초대-사도신경-찬양과 경배-대표기도-헌금봉헌-다음세대 설교-설교(장년)-사명 선언-축도〉의 순이다. 이러한 순서는 전술한 예전을 강조한 형태의 예배와는 다르게 참여하는 성도들과 자녀들이 쉽게 참여할 수 있도록 구성되어 있다.[43] 예배의 순서 중에 특이한 두 가지 점은 헌금을 가족이 돌아가며 수전하는 것과 다음세대 설교 시간에 자녀들이 무대 앞으로 나와 설교를 듣는 것이다. 특별히 다음세대 설교 시간에 자녀들을 앞으로 나오게 하는 행위는 서구교회에서는 이미 많이 시행되지만 한국교회에서는 보기 드문 경우인데, 이는 고도로 의도된 사려 깊은 순서로[44] 그들로 자신들도 이 예배의 일원임을 인식하게 하고, 그들에게 교회가 지극한 관심을 가지고 있음을 보여줌으로 부모는 교회에 대해 호감을 가지게 하고, 자녀들은 보다 능동적으로 예배에 참여할 수 있게 만든다 하겠다.

주일 오후예배를 세대통합 예배로 드리는 경우

다운공동체교회

울산에 위치한 다운공동체교회는 2005년부터 지금까지 오전예배 후 각종 훈련이나 봉사, 교제를 마친 후, 전세대가 모여 매주 오후예배 시간에 세대통합 예배를 드린다.[45] 절기나 한 달에 한 번 정도하는 방식을 탈피하여 매주 드리는 이유는 이벤트식으로 되어서는 곤란하다는 담임목회자의 목회 방침 때문이다.[46] 같은 맥락에서 이 교회의 오후예배는 전세대가 참여할 수 있도록 예배의 모든 순서를 진행하고 있다. 찬양 인도도 세대별로, 혹은 연합하여 진행하며, 찬양곡도 전세대를 아우르는 곡을 선정한다. 기도 역시 장년세대 뿐 아니라 다양한 연령대가 기도하게 하며, 교독도 어린이와 성도가 함께 교독하고, 특송 시간에는 함께 찬양하는 옆 성도의 장점과 단점을 소개하는 등 모두가 참여하는 예배가 되도록 하고 있다.

특이한 것은 오후예배이지만, 세대로교회에서 오전예배에 한 것과 같이 두 번의 설교 시간을 둔다. 이 교회는 영아에서 초등학교까지의 어린이를 위한 7분 정도의 참여설교 시간을 먼저 한다. 이때 찬양을 하는 중에 영아부터 초등학교까지의 어린이들은 무대에 올라앉고 담당 교역자가 준비한 도구 등을 활용하여 말씀을 전한다. 그리고 설교가 끝나면 담당교역자와 부모들이 준비한 장소로 이동하고 청소년 이상의 성도들은 그 자리에 남아 7분 스피치로 다 하지 못한 성인을 위한 설교를 듣는다. 그리고 토요일이면 모리아산 가족예배를 통해 가족들이 함께 예배를 드리며 주일에만 세대통합으로 예배를 드리는 것이 아니라 흩어져서도 예배를 드릴 수 있도록 독려하고 있다.

주중 모임을 세대통합 예배로 드리는 경우

진량제일교회

진량제일교회(예수교장로회 합동교단)는 2011년부터 세대통합 예배를 시행하고 있다. 먼저는 주일오후예배를 온가족예배로 드린다. 주일 오전예배와 식탁 교제를 마친 후 가족단위로 앉아 세대통합 예배를 드린다. 다만 세대별 예배는 월1회 허용하면서 연령대별 교제와 말씀을 함께 나눌 기회를 제공한다.[47] 특이한 점은 주일오후 뿐 아니라 매주 수요일 기도회를 '수요성령집회'라는 이름으로 세대통합으로 진행한다.

수요성령집회는 저녁 8~10시까지 진행되며, 영아에서 중고등부학생까지 대략 100여명이 참석하는데 교회 규모에 비해 많이 참석하는 편이다. 대략적인 순서는 다음과 같다. 〈아이들과 함께 하는 찬양시간(8:00-8:30) - 말씀시간(8:30-9:00) - 기도시간(9:00-10:00)〉 대체로 단출한 순서이지만 찬양시간에는 유치부부터 권사님까지 참여할 수 있는 찬양팀이 인도하고, 말씀시간에는 설교노트를 참여한 분들은 제출하게 하여 참여와 집중도를 높였고, 이와 함께 제출한 설교노트에 대해 한 달에 한 번 시상을 하여 말씀시간에 집중하도록 독려하고 있다.

기도 시간에는 크게 3가지 주제로 기도를 하는데 첫째는 말씀과 연관된 기도를 하고, 둘째는 다음세대와 성령 충만을 위해 기도하고, 마지막으로는 함께 일어나서 하나님께 찬양하며 집중적으로 기도하는 시간을 갖는다. 이때 담임 목사는 참여한 어린이 모두를 강대상으로 불러 일일이 안수기도하고 축복해 준다고 한다.[48]

매달 정해진 시간에 세대통합 예배로 드리는 경우

과천약수교회

쉐마 교육으로 유명한 과천약수교회(예수교장로회 합동교단)는 설동주 담임 목사가 다음세대에 대한 고민을 하면서 여러 다양한 사역들을 전개하는 교회로 유명하다. 과천약수교회는 2010년부터 매월 첫째 주일 '3대가 함께하는 예배'로 세대통합 예배를 드리고 있다.[49] 9시 예배에서는 중고등부학생들이 예배 중에 성경봉독을 하고, 11시 예배에서는 유초등부 학생들이 성경봉독을 하며, 찬양대에 속해서 직접 예배에 참여하고 있다.

전술한 몇몇 교회들처럼 예배 시간 설교를 두 번하지는 않는다. 오히려 담임목회자가 특별한 설교를 준비하여 공감을 얻을 수 있도록 준비하되 전통적인 예배문화에 적응하도록 배려하고 있다.[50] 즉, '3대가 함께하는 예배'라고 해서 전체 예배 순서에 변화를 주는 일은 없고 다만 분위기와 설교 메시지만을 달리해 시행하고 있다. 예배 순서는 다음과 같다. 〈예배로의 부름-찬송-참회기도-사도신경-찬송-대표기도(장로 및 집사)-성경봉독(학생들)-찬양대 찬양-설교(2-4부 담임 목사)-찬송(헌금)-축도〉[51] 평소의 장년 예배 순서는 유지하되, 자연스럽게 다음 세대가 예배에 동화되도록 하려는 의도가 보인다.

이 예배를 통해 조부모도 초청하여 예배드리고 이어 가족사진을 찍어주는 등, 예배를 통해 가족의 추억을 만들어 주는 일도 함께 하고 있다. 이는 성인들뿐 아니라 아동들에게도 중요한 신앙 경험이 되도록 배려한 것으로 보인다. 이에 대해 담임목회자인 설동주 목사는 "세대통합목회는 자녀들에게 하나님이 우리에게 주신 신앙의 전통을 전수하는 문제인 만큼 단순히 프로그램으로 접근해서는 안 되며, 말씀을 통해 하나님이 만드신 가정과 교회가 본질적으로 회복되는 것을 목적으로 해야 한다."고 강조한다.[52] 즉, 세대통합 예배와 이에 따른 목회는 프로그램이 아닌 철학과 근본적인 말씀의 원리를 찾아가는 과정에서 이루어져야 한다는 것이다. 이런 면에서 단순히 운영의 면만 살필 것이 아니라 어떻게 이런 과정에 이르게 되었는지에 대한 반성적인 작업도 함께 이루어져야 함을 살필 필요가 있겠다.[53]

서대문교회

서대문교회(예수교장로회 합동교단)는 매월 둘째 주일 오전예배를 세대통합 예배인 '더가족예배'로 드린다. 이때의 세대통합은 3대의 개념보다는 오히려 부모와 자녀가 함께 하는 예배의 개념에 가깝다. 다른 교회들과 달리 주일 오전 매월 정해진 시간에 예배를 드리며, 자녀와 부모가 한자리에서 예배드리도록 해 자녀에게 부모와 함께하는 신앙경험을 갖도록 하는 데 그 목적이 있다.

설교는 부서 사역자의 설교와 이어진 담임목회자의 설교로 총 두 번의 순서가 이어지며 예배를 마친 다음에는 '더가족 순모임'이라는 소그룹으로 가족 전체가 모여 성경공부를 진행하도록 하고 있다. 예배와 성경공부가 연계가 되도록 하려는 의도로 보인다. 이 시간에는 부모가 직접 자녀에게 성경을 전하는 시간으로 가정별로 교육부서 교역자의 안내에 따라 성경공부를 진행한다. 이는 하남은광교회의 부모교사와 같은 역할을 부여한 것이라 할 수 있겠다.

이에 대해 유아부 최영옥 전도사는 "부모가 첫 번째 교사가 되어야 한다. 더가족예배는 가정 신앙 양육의 첫 걸음"이라며 이 교회가 세대통합 예배와 이후 성경공부를 통해 추구하려는 바를 명확히 한다. 같은 맥락에서 담임목회자인 장봉생 목사는 "부모 세대에서 다음세대로 신앙이 계승되기 위해서는 무엇보다 부모와 자녀가 함께 예배를 드리고 같은 신앙적 경험을 공유해야 한다"며 무엇보다 같은 공간에서 같은 신앙경험을 창출하기 위해 기획된 예배와 소그룹 모임을 강조한다.[54]

나가며 : 세대통합 예배, 어떻게 할 것인가?

이상에서 살펴 본 것처럼 한국교회에서 세대통합 예배는 그 연원이 그리 길지는 않지만 다양한 교회에서 다양한 형태로 진행되고 있음을 알 수 있다. 전술한 세대통합 예배에 대한 상황을 고려할 때 다음에 몇 가지 평가와 함께 새롭게 세대통합 예배를 준비하는 교회가 어떻게 해야 할지 몇 가지 제언을 해 보려 한다.

세대통합 예배에 대한 기독교교육적 평가

주일학교 중심(schooling system) 교육에서
가정과 함께하는 신앙교육(parenting with church)으로

현 한국교회의 세대통합 예배는 대체로 가정에서의 신앙교육의 필요성에 대한 인식을 공유한다. 즉, 지금까지는 주일학교 중심(schooling system)의 신앙교육과 신앙의 전수에 집중하던 교회들이 점차 가정과 함께 하는 신앙교육, 나아가 부모들이 주체가 되는 신앙교육이 필요함을 인식하고 어떻게든 가정과 연계해서 신앙교육을 해야 함을 깨닫고 이러한 시도를 하고 있다는 데 큰 의의가 있겠다. 이는 그간 주일학교 시스템(schooling system)이 가져 온 교사 중심의 프로그램(teacher centered program)에서 이제는 학습자와 관계 중심의 훈육과 양육(learner and relationship centered discipline and nurture)으로, 그리고 부모와 교회 공동체가 새로운 교육의 주체(educational stakeholder)로 바뀌고 있음을 보여준다 하겠다.

지난 2015년 복음주의 신학회의 특별기고 논문에 의하면,[55] 각 교회학교의 교육 주체인 담임 교역자, 교육부서 교역자, 주일학교 교사, 학부모의 설문에서 모든 교육 주체들도 신앙교육의 가장 큰 책임이 학부모에게 있다는 것을 인정하고 있다고 보고한다. 이는 현 상황에서 교회의 모든 교육 주체들 스스로가 신앙교육이 가정에서 이루어져야 함을 절실히 느끼고 있다는 점에서 세대통합 예배의 시도와 전환은 어쩌면 당연한 귀결이 아닌가 평가할 수 있겠다.

핵가족의 부모-자녀의 가정 개념을 넘어 3세대의 세대통합의 관점으로

신학적인 기준으로 볼 때, 세대통합 예배는 단순히 핵가족의 부모-자녀의 조합으로 드리는 것을 넘어 성경이 말하는 세대의 개념으로 접근하려는 시도를 보게 된다. 이는 기독교교육의 가장 중요한 근간이 되는 구절이기도 하고 신명기 6장의 전제가 되는 6장 2절의 "너와 네 아들과 네 손자들"(3대에 걸친 신앙교육)에게 신앙을 전수하라고 하셨던 취지와도 부합된다. 이를 통해 점차 핵가족화되고 고령화되어 가는 현시대에 신앙의 연륜을 가지고 지금도 교회에서 신앙의 선배로 자리매김하고 있는 조부모 세대를 잘 끌어안아 그들이 오늘에 이르도록 간직한 신앙의 좋은 자산들을 살려 자녀와 손자녀 세대까지 전수할 수 있도록 해야 한다. 이는 훌륭한 기독교교육적 자산을 활용할 중요한 기회를 제공한다 하겠다.

이런 맥락에서 과천약수교회가 시행하는 '3대가 함께하는 예배' 후의 가족사진 촬영이나, 목포창조교회가 5월마다 하는 '3대 찬양대회' 같은 것을 통해서 3대가 함께 모여서 자신들의 신앙 경험을 공유하고 조부모의 신앙에 대해 듣고 이야기할 기회를 제공하는 것은 새롭게 살펴 평가해 볼 필요가 있겠다.

분절화(segregation)된 신앙 경험을 공동의 의식(common ritual)으로

세대통합 예배를 통해 누릴 수 있는 유익이 있다면, 점차 분절화 되고 개인화되는 신앙을 넘어 보다 통전적(holistic)이고 공통 경험을 할 수 있다는 것이다. 예배 공동체로서의 본연의 모습을 회복함과 함께 이 예배를 통해 전세대가 함께 많은 것을 누릴 수 있고 공유하며 전수할 수 있다. 존 웨스터호프가 지적한 것처럼 그리스도인 신앙공동체는 네 가지 주요한 특징이 있는데, 공동의 비전과 기억, 그리고 스토리를 가진 것이 그 첫째이고, 둘째는 공동의 권위를 가진 것이다. 셋째는 공동의 삶을 가진 것이며, 무엇보다 중요한 마지막 특징이 바로 공동의 의식(common ritual)을 가진 것이다. 이 공동의 의식으로 근래에 가장 큰 영향을 미칠 수 있는 것이 바로 세대통합 예배가 아닐까 판단한다.[56]

형식적 학습(formal learning)을 넘어 비형식적인 학습(informal learning)의 장으로

기독교교육은 지금껏 신학교를 중심으로 한 형식적(formal) 교육이나 주일학교를 중심으로 한 무형식적(noformal)인 교육이 대부분을 이루고 있었던 것에 반해, 이제 세대통합 예배와 같이 교회의 문화와 상황을 통한 비형식적인 학습(informal learning)의 장을 열어 신앙을 전수하고 교육하는 방법으로 나아가는 것은 새로운 도전이자 보다 많은 학습의 장을 연다는 면에서 그 의미가 있다 하겠다.

세대와 세대를 이어주는 중요한 신앙 전수의 장으로 이 비형식적인 학습의 장이 비단 세대통합 예배만 있는 것은 아니겠지만, 실제로 전술한 많은 교회가 그렇게 신앙 전수를 하고 있고, 지금껏 숱한 교회의 역사가 그렇게 진행되어오고 있다. 이것에 대해 매딕스와 에스텝(Maddix & Estep Jr.)은 공동체의 삶에 참여하는 것, 특별히 예배에 참여함으로서의 비형식적인학습은 사회화 과정(socialization)을 거친다고 하는데,[57] 그들의 지적은 온당하다고 할 수 있다. 이처럼 세대통합 예배는 세대와 세대, 부모와 자녀, 조부모와 손자녀들이 무형의 연합과 함께함, 그리고 자연스러운 사회화의 과정을 거쳐 신앙을 자연스럽게 전수하고 학습하는 과정으로서의 기독교교육의 큰 장이 될 수 있다.

세대통합 예배 발전을 위한 제언

다음 세대를 위한 설교 시간과 내용의 배려 필요

세대통합 예배에서 목회자들이 가장 많이 신경을 쓰는 설교에 있어서는, 예전을 중시하고 다음 세대의 훈련에 방점을 둔 교회들은 장년 예배 설교 스타일을 고수하기도 하는 반면, 처음 예배를 드리는 자녀 세대를 위해서 7분 스피치 설교나 그들의 이해를 도우려는 설교의 시도 또한 있다. 이로 볼 때, 어디에 방점을 두고, 얼마나 다음 세대들이 예배에 집중할 수 있도록 훈련과 준비가 되었느냐에 따라 상황이 달라질 수 있다. 물론, 궁극적으로 자녀 세대도 부모 세대와 동일한 본문으로 동일한 설교를 들을 수 있으면 좋겠지만, 어린이들에게 마냥 이해와 수용만 요구하기에는 오늘의 교육 환경이 각기 너무 달라 부모들조차 힘들어하는 예전적인 예배를 하루아침에 아이들에게 강요하기는 어렵지 않은지 살필 필요가 있겠다.

예배 순서의 이해를 구하는 교육 필요

세대통합 예배에 익숙하려면 온생명교회가 하는 것과 같이 자녀들뿐 아니라, 부모들도 예배의 각각의 순서에 대한 이해를 위한 설득과 교육이 필요할 것이다. 왜, 이 순서로 예배를 진행하며, 어떤 자세로 참여해야 하는지를 부지런히 가르쳐야 할 것이다. 무엇보다 은혜의 방편으로서의 말씀과 성례의 집행에 있어서 부모들과 자녀들이 좀 더 경건하게 임할 수 있도록 사전에 충분한 교육 시간을 가져서 예배가 단순히 하나의 행사(performance)가 아닌 드 종이 말하는 하나님은 찬양 받으시고(be praised) 우리는 축복을 받는(be blessed) "하나님의 임재 안으로" 들어가는 행위가 되도록 노력해야 할 것이다.[58]

공동체성이 묻어난 상징 사용과 분위기 조성 필요

전술한 로버트 웨버(Robert Webber)의 말과 같이 오늘의 시대와 세대는 더욱 공동체(community), 신비(mystery), 상징(symbol)을 중시하고 그런 환경에 익숙하다. 이런 맥락에서 앞으로의 예배는 예배의 환경을 더욱 엄숙하게 하고, 조금은 예전을 통한 상징과 신비적인 체험을 하도록 돕고, 보다 공동체성을 강조하는 방식으로 진행되어야 할 것이다. 이를 위해서 세대통합 예배를 하면서 3대에 걸친 가정과 교회의 연합을 통한 공동체성을 확립할 수 있는 순서와 환경을 마련할 필요도 있겠다.

진량제일교회의 수요성령집회와 같이 전세대가 함께 기도하며, 자녀들을 축복하고 함께 하나님을 전심으로 찬양하는 것과 같은 시도도 해볼 만하다. 아울러, 부모세대, 조부모세대의 신앙적 체험에 대한 간증을 듣고, 자녀 세대의 신앙적인 고민과 갈등을 함께 나누는 예배 이후의 소그룹 모임과의 연결도 심각하게 고민해 봐야 할 것이다. 이런 면에서 서대문교회의 더가족 순모임과 같은 것도 고려해 볼 만하다 하겠다.

정착을 위한 연속성을 유지한 문화화의 필요

세대통합 예배라고 할 때 단순히 절기 때나 혹은 1년에 한두 번하는 정도로는 부족하고 연속성 있게 진행하는 교회들이 점차 늘어나고 있으며 그들 또한 그 효과를 누리며, 그 방법도 교회의 상황에 맞게 다양하게 진행하고 있음을 알 수 있다. 이로 볼 때 한두 가지 형태의 고정된 형식의 세대통합 예배를 고집하기보다 다양한 형태의 세대통합 예배의 유형들을 살펴서 개 교회에 적합한 형식을 시범적으로 시행해 보고 이후에 평가 작업을 거쳐 정례화 하는 노력이 필요하다. 이를 위해서는 다년간 세대통합 예배를 해 왔던 전술한 교회들의 예배 순서와 방법, 그리고 후속 조치들을 살펴서 교회의 상황에 시의적절 하게 변용하거나 문화화 (socialization)할 필요가 있겠다.

세대통합 예배 이후의 사역과의 연계 필요

아쉬운 것은 세대통합 예배의 경우, 대부분 교회는 세대통합 예배 자체로 그친다. 세대가 모여 예배를 드린 다음, 세상으로 나아가 그들이 할 수 있는 일, 해야 할 일에 대해 고민하고 세대가 함께 이웃을 돕고 지역사회를 섬기는 일을 하며, 지역교회의 다양한 사역에 동참하는 방식으로 나아가 할 것이다. 필자가 아는 지방의 한 교회는 세대통합 예배를 넘어 여름이면 가정마다 전세대가 함께 농촌 지역을 찾아 전도 여행을 떠난다고 한다. 그리고 이런 공동의 신앙 경험이 가정마다 엄청난 신앙적인 도전과 변화를 일으킨다고 한다.

포스터(Foster)가 지적한 것처럼, 공동체적 교육은 단순히 개인 삶의 의미를 찾는 것을 넘어서 세상을 향한 하나님의 변화에 포섭되는 과정(involvement in God's transformation of the world)인 세상 속의 그리스도인 공동체로서의 사명을 감당하는 것에까지 나아가야 할 것이다.[59] 즉, 아웃 리치를 함께 하거나, 섬김과 봉사 활동을 함께 하는 등의 실제적인 예배 이후의 사역과 섬김으로 나아가는 방식으로 연결된 고민이 있으면 더욱 좋지 않을까 판단한다.

세대통합 예배를 통한 건강한 가정상, 부모상, 자녀상 회복 필요

마지막으로 점차 한국 사회는 가정의 역할이 축소되고 위축된다. 이혼, 졸혼, 그리고 동성애 결혼과 같은 성경이 추구하는 모습과는 다른 형태의 가정도 증가하고 있다. 지금이야말로 진정한 의미에서 하나님이 원하시는 가정에 대한 바른 상의 정립이 절실한 때이다. 소위 세대와 지역과 문화가 분리(segregation)되고 심지어 예배를 통해 신앙 또한 분리되는 이때 오히려 공동체(congregation)를 통해 함께 연합하고 돕고 하나 되는 과정이 더욱 절실하다.[60]

교회에서 3대가 함께 모여 바른 남성관, 여성관뿐 아니라 신앙관을 나누고, 가정을 새롭게 회복하고 돕는 기회를 마련한다는 의미에서 세대통합 예배는 참으로 귀한 도전이자 기회라 여겨진다. 이를 위해 교회는 세대통합 예배를 통해 가정의 긍정적이고 바른 모습과 바른 가정, 바른 가장, 바른 어머니의 모습을 지속해서 보여주고, 가르치고, 자녀와 부모의 관계를 회복할 방법과 내용에 대해서도 함께 나눌 수 있도록 하여야 할 것이다. 결국, 이 세대통합 예배가 고리가 되어 조부모-부모-자녀로 이어지는 신앙의 삼겹줄이 잘 세워져, 무너져 가는 한국교회가 다시금 새롭게 도약하는 기회가 될 수도 있지 않을까? 조심스레 소망해 본다.

미주

1. 이 글은 기독교교육정보 55호(2017.12)에 실린 논문을 수정 보완한 것이다.
2. 많은 교회들이 지역 교회로서의 모습을 상실해 가고 있다. 필자의 경우도 천안에서 서울로 매주 이동을 하며 교회를 향하고 있다. 이제 지역 교회에 출석하는 성도가 점차 사라져 가는 것 같다. 이러한 현상의 결과 지역의 아이들의 주일학교 출석률이 떨어지는 것은 더욱 분명해 보인다.
3. Baucham, V. (2014). *Family Shepherds: Calling and Equipping Men to Lead Their Homes*. 『남자, 가정을 품다』 (유정희 역). 서울: 예수전도단. pp. 47-48.
4. 조혜정. "기독교관점으로 본 정보화 시대의 가정교육: 7-D 세 아동을 중심으로." 「기독교교육정보」, 10, (2005). 87-114.
5. Baucham (2014). *Family Shepherds*, p. 50.
6. 이정관. (2012). "청소년 기독교 신앙교육을 위한 가정과 교회의 교육연계". 「신학과 실천」, 31, 457-482. 참조. 박신웅. (2016). "기독교교육에서 주체와 객체의 상호성에 대한 연구". 「기독교교육정보」, 49, 1-31.
7. Webber, R. E., & Webber, R. (1999). *Ancient-future faith: Rethinking evangelicalism for a postmodern world*. Baker Academic. p. 34.
8. 이에스더, "세대통합 주일예배에 관한 어린이 참여방안 연구", 석사학위 논문. 서울장신대학교. 2009. 9-10.
9. 이성희, "한국 교회 위기 극복을 위한 목회적 대안". 「목회와 신학」 (2008. 12), p. 192 (재인용, 이에스더, "세대통합 주일예배에 관한 어린이 참여방안 연구", 10.)
10. Webber, R. E., & Webber, R. (1999). *Ancient-future faith*. p. 34.
11. 김세광. (2008). "한국교회 예배유형의 다변화에 따른 대안적 모색-중소형교회를 위한 세대통합 예배의 필요성과 가능성". 「신학과 실천」, 15, 11-38.
12. 김세광. (2012). "문화 변혁에 따른 예배 변화에 관한 신학적 연구-20 세기 중엽 이후 한국 개신교 안의 예배 융합(Blended Worship)과 예배 전쟁(Worship War) 현상을 중심으로". 「신학과 실천」, 32, 143-169.
13. Ibid., 147.
14. 설교중심의 지성적 예배에 대한 반성으로 성례를 강조하는 예배의 상징성을 강조하는 한 흐름과 형식적 자유와 역동성을 강조하는 오순절 교회의 예배의 영향으로 인한 자유로운 형식과 경험적 성격을 강조하는 흐름이 1990년대 이후로 하나로 수렴되는 현상이 일어났다. 이것을 로버트 웨버는 전통적 예배(예전 강조)와 현대적 예배(경험과 자유로움 강조)의 고대-미래 예배(ancient-future worship)이라고 명했고 이후에 통합 예배(blended worship)라 명명되게 된다. 즉 예전의 장점인 전통표현과 찬송가의 강조와 함께 CCM과

현대적 말씀 선포의 방식과 예전적 요소를 가미한 형식이라 할 수 있다. 유재원. (2016). 『이머징 예배 뛰어넘기: 변화하는 세상 속에서 풀어가는 한국형 예배 이야기』. 하늘향. pp. 130-144.

15 향린교회의 경우 전통악기, 전통복장, 한국적 예배용어를 사용하고, 시작과 끝을 징울림으로 하며, 6번의 찬송 중 4번을 국악찬송으로 한다고 한다. 김세광. (2012). "문화 변혁에 따른 예배 변화에 관한 신학적 연구", 148-149.

16 김세광, "문화 변혁에 따른 예배 변화의 신학적 연구", 145.

17 Jones, T. P. (2009). *Perspectives on family ministry 3 views*. Nashville, TN: B & H.

18 김세광. (2008). "한국교회 예배유형의 다변화에 따른 대안적 모색", 17. 심지어 어린이 예배의 경우 1990년대까지도 예배에 대한 큰 변화나 나타나지 않고 있다. 박신웅, (2017). 〈어린이 예배의 어제, 오늘 그리고 내일〉, 『어린이 예배, 어떻게 할 것인가?』 강용원외 3인 생명의 양식. 149-150.

19 김세광. (2008). "한국교회 예배유형의 다변화", 17-18.

20 Ibid, 19.

21 Westerhoff, J. H. (1976). *Will our children have faith?*. Morehouse Publishing,. 79-103.

22 허도화, 『한국교회 예배사: 주일예배의 형성과 발전』. 한국강해설교학교 출판부(2003) 17-21.

23 양승헌. (2014) "교회와 가정의 '통합'으로 다음 세대를 세운다". 「교회성장」, 2월. p. 80.

24 설동주. (2014). "3대가 함께 드리는 세대통합 예배". 「월간목회」, 4월. p. 27.

25 박성희. (2014). "세대통합 예배, 필요한 동기가 있다." 「월간목회」, 4월. p. 42.

26 이광복. (2014). "우리 교회 세대통합 예배를 말한다." 「월간목회」, 4월. p. 22.

27 장영직. (2008). "신앙공동체 안에서의 간세대예배". 연세대 석사논문. 장신근. (2011). "교회-가정의 연계성을 지향하는 간 세대 기독교교육: 아동을 중심으로". 「신학논단」, 63, 217-43. 이상일. (2011). "간세대 예배와 회중찬송". 「장신논단」, 43, 415-435.

28 유재원 (2016). 『이머징 예배 뛰어넘기』. 198.

29 Ibid. 또한, 이유정은 Blended worship에 대해 2002년 리버티신학교에서 건강한 13개 교회의 702명의 평신도들의 예배 인식 설문조사를 한 결과, 이 예배형태가 하나님의 임재를 더욱 쉽게 느끼도록 해주며(48%), 서로 다른 세대를 하나로 묶어 준다고 대답했다고 한다. 이유정 (2008), "미래교회의 대안, 블렌디드 예배" 「목회와 신학」, (12) pp 178-179. (재인용, 이에스더, 63)

30 Ibid.

31 안재경. (2017). 『종교개혁과 예배』. SFC 출판부. 안재경 (2017). 〈개혁교회 어린이 예배〉. 『어린이 예배, 어떻게 할 것인가?』, 강용원외 3인, 생명의 양식. 101-135.

32 하남은광교회 2017년 4월 16일 주일 주보 참조.

33 http://www.all4worship.net/?p=6590

34 http://www.all4worship.net/?p=6590

35 안재경, 〈개혁교회 어린이 예배〉, p. 105-115

36 이 안내서는 이렇게 시작한다. "온생명교회에 오신 것을 환영합니다! 온생명교회는 갓난아이로부터 어른까지 모든 세대가 같은 시간, 한 공간에서 함께 예배드립니다. 처음 아이를 데리고 참석하신 분들을 위해 아이들을 위한 예배 순서 소개 및 아이와 함께 예배드리는 요령을 알려드립니다." 안재경, 〈개혁교회 어린이 예배〉, p. 120-123.

37 Westerhoff, J. H. (1976). Will our children have faith?. Morehouse Publishing,. 79-103.

38 Ibid.

39 http://www.kidok.com/news/articleView.html?idxno=96624

40 비록 유재원은 세대로교회의 세대통합 예배 형태를 모든 공예배를 세대통합 예배로 드리는 교회로 분류하여 목양교회와 같은 그룹으로 분류를 했지만, 목양교회는 모든 공예배를 세대통합 예배로 드리지만 세대로교회는 전세대가 예배를 끝까지 드리는 세대통합 예배는 1년에 6번 정도하는 온가족예배를 드릴 뿐 그 외에는 다음세대 설교 이후에 흩어지는 형식의 예배를 드리고 있어 서로 다른 면이 있다. 하여, 본 연구에서는 어린이 설교까지 세대통합 예배를 드리는 다른 종류의 예배형태로 분류하였다. 유재원 (2015) "한국교회의 세대통합 예배 가능성에 관한 연구". 「교회와 신학」, 79. 378-406. 참조.

41 세대로교회에서 말하는 오렌지 예배는 미국의 노스포인트 교회로부터 시작된 오렌지 사역의 핵심적인 내용을 담고 있다. 그들에 의하면 신앙교육이 교회와 가정이 함께 협력해야 성공적으로 이루어질 수 있으며 그 중심에는 교사로서의 부모가 있다고 한다. 이 오렌지 컨퍼런스를 주도한 레지 조이너 목사는 "빛으로 상징되는 교회를 노란색이라고 한다면 뜨거운 사랑으로 상징되는 가정을 빨간색이라고 할 수 있지요. 이 두 가지 색이 합해지면 바로 오렌지색이 됩니다."라고 하면서 가정과 교회가 함께 하는 사역이 바로 오렌지 사역임을 강조한다. 김한수. (2011) "오렌지 컨퍼런스 소개: 가정과 교회가 협력하여 차세대에 더 큰 영향력을" 「목회와 신학」, 1월. p. 44. 세대로교회 주보 광고에는 오렌지예배에 대해 다음과 같이 설명한다. "오렌지예배란? 가정에서의 부모의 사랑이라는 빨간색 에너지와 교회에서의 진리라는 노란색 에너지를 통합한 오렌지색 에너지를 창출함으로써 다음세대를 믿음으로 세우기 위해 온 가족이 함께 드리는 온 가족 예배를 말합니다. 오렌지 원리를 실천하여 다음 세대를 믿음으로 세우는 데 힘써 주시기 바랍니다." http://sedaero.org/board/bbs/show.php?id=1462&p_cate_id=44&category_id=46&group_code=bbs&pageID=&m_id=56

42 http://www.ceri.co.kr/Sissue/289569

43 2017년 10월 29일자 주보 참조. http://sedaero.org/board/bbs/show.php?id=1462&p_cate_id=44&category_id=46&group_code=bbs&pageID=&m_id=56

44 Scottie May & etc. (2005). *Children Matter: Celebrating Their Place in the Church,*

Family and Community. Wm. Eerdmans Publishing Co. p. 228-229.

45 유재원 (2015). "한국교회의 세대통합 예배 가능성에 관한 연구". p. 398.
46 박종국 (2011). "자녀와 부모를 함께 살리는 세대통합 예배". 「목회와 신학」, 5월. 116.
47 유재원 (2015) "한국교회의 세대통합 예배 가능성에 관한 연구". 398-399.
48 김종언 (2014) "다음세대를 위한 세대통합 예배". 「월간목회」, 4월호. 32-37.
49 정재영, 정형권, 이미영. (2013). "세대통합목회, 한국교회 미래 달려있다(3)"「기독신문」기사.
50 설동주 (2014). "3대가 함께 드리는 세대통합 예배". 「월간목회」, 4월호. 27-31.
51 과천약수교회 2017년 10월 1일 (3대가 함께 다리는 예배) 주일 주보 참조.
52 Ibid.
53 이것에 대해 기사의 마지막에 세대통합 예배의 십계명을 게시하는데 시사하는 바가 크다. 다음은 그 내용이다. "세대통합 목회 십계명. ① 세대통합은 절대 프로그램이 아니다. 신앙전수와 동시에 단절된 세대를 엮는다는 사명감에서 출발해야 한다. 따라서 목회자의 확고한 철학과 철저한 준비가 선행돼야 한다. ② 세대통합목회의 비전을 전 교인과 공유하고 동의를 얻은 후 교회의 토양에 맞는 세대통합목회를 함께 만들어가라. ③ 모든 세대가 한 자리에서 예배하게 하라. ④ 모든 세대가 예배 순서에 적극적으로 참여하게 하라. ⑤ 모든 세대가 공감하고 이해할 수 있는 쉽고 간결한 설교를 준비하라. ⑥ 교회 모든 부서가 세대통합목회의 비전 아래 일관성 있는 말씀과 교육으로 하나 되게 하라. ⑦ 부모가 자녀의 신앙교육을 전담하는 교사가 되도록 양육하라. ⑧ 세대의 벽을 넘어 전 교인이 서로의 멘토와 멘티가 되게 하라. ⑨ 세대통합 예배를 드린 후에는 가족이 함께 손잡고 귀가하게 하라. ⑩ 세대통합목회의 성공은 가정에서 세대통합이 지속되도록 해야 한다. 따라서 세대통합 예배가 가정예배로 이어지도록 도우라." Ibid.,
54 http://www.churchr.or.kr/news/articleView.html?idxno=3910
55 함영주, 전병철, 신승범, 이현철, & 조철현(2015). "한국교회교육에 대한 교육지도자의 인식도 연구".「성경과 신학」, 75 (단일호), 1-33.
56 Westerhoff, J, H. (2004). *Living the faith community*. New York: Seabury Classics. p. 24.
57 Maddix, M. A., & Estep Jr. J. R. (2017). *Practicing Christian education: An introduction for ministry*. Grand Rapids, MI: Baker Academic. p. 4.
58 De Jong, J. *Into His presence: Perspectives on reformed worship*. (황규일 역). 서울: 기독교문서선교회. (원전은 1985에 출간). p. 19-21.
59 Foster, C. R. (1994). *Educating congregations: The future of christian education*. Nashville, TN: Abingdon Press. p. 49.
60 White, J. W. (1988). *Intergenerational religious education*. Birmingham, AL: Religious Education Press. pp. 1-17.